胡华简 所见郑国史事考

胡静 著

读者出版社

图书在版编目（CIP）数据

清华简所见郑国史事考 / 胡静著. -- 兰州 ：读者
出版社，2022.8
ISBN 978-7-5527-0680-2

Ⅰ．①清… Ⅱ．①胡… Ⅲ．①简(考古)—研究—中国
—战国时代 Ⅳ．①K877.54

中国版本图书馆CIP数据核字（2022）第064727号

清华简所见郑国史事考

胡 静 著

责任编辑 漆晓勤
封面设计 雷们起

出版发行 读者出版社
地 址 兰州市城关区读者大道568号(730030)
邮 箱 readerpress@163.com
电 话 0931-2131529(编辑部) 0931-2131507(发行部)

印 刷 武汉市首壹印务有限公司
规 格 开本 787 毫米×1092 毫米 1/16
印张 12.25 字数 210 千
版 次 2022 年 8 月第 1 版
2022 年 8 月第 1 次印刷
书 号 ISBN 978-7-5527-0680-2
定 价 68.00元

目 录

凡　例

1.本书第二章简文采用严式隶定，后加"（　　）"注明严式隶定或通假字，"（？）"指简文隶定尚有疑问，"＝"表示合文符号或重文符号，"□"表示文字残缺，若依线索得知为某字，则使用"□"将补字加框，若不知补字多寡则用"☑"表示。

2.凡涉及公元之纪年，均用阿拉伯数字表示，例如"公元前 666 年"；凡涉及君、王的纪年则均用中文小写表示，例如"郑庄公二十二年""周幽王三年"。

3.对文字隶、释、训看法若有不同于原整理者，皆加注说明采用何人之说。

4.引述意见时除曾亲蒙受教者称师外，其余依学界惯例不加"先生"等称谓，敬祈见谅。

简 称 表

为避免行文烦琐，多次引用的材料著录书或专有名词皆用简称，简称方式如下：

【书籍名简称表】

书籍全名	简　称
《清华大学藏战国竹简》	清华简
《清华大学藏战国竹简（壹）》	《清华简一》
《清华大学藏战国竹简（贰）》	《清华简二》
《清华大学藏战国竹简（叁）》	《清华简三》
《清华大学藏战国竹简（肆）》	《清华简四》
《清华大学藏战国竹简（伍）》	《清华简五》
《清华大学藏战国竹简（陆）》	《清华简六》
《清华大学藏战国竹简（柒）》	《清华简七》
《清华大学藏战国竹简（捌）》	《清华简八》
《清华大学藏战国竹简（玖）》	《清华简九》
《清华大学藏战国竹简（拾）》	《清华简十》

【其他简称表】

网站全名	简　称
孔子 2000/Confucius2000 网站	孔子 2000 网
山东大学文史哲研究院简帛研究网	简帛研究网
清华大学出土文献研究与保护中心网站	清华网
武汉大学简帛研究中心网站	武汉网
复旦大学出土文献与古文字研究中心网站	复旦网

绪

论

绪　论

　　2008 年，清华大学以校友捐赠的方式，收藏了一批竹简，经碳 –14 法测定和专家考证，这批简为战国中晚期楚地的文物，遂命名为《清华大学藏战国竹简》，简称"清华简"。此批战国竹简共有 2388 枚（包括少数残断简），最长的竹简有 46 厘米，最短的有 10 厘米，简文文字出于不同写手，风格各异。清华简内容涉及历史、哲学、文学、文献学和文字学等方面，极具学术价值。随后，清华简以大约每年一辑的速度陆续发表，至 2021 年已经出版十一辑，现将各册出版时间及内容整理如下：

册别	出版时间	内容（篇名）
第一辑	2010 年 12 月	《尹至》《尹诰》《程寤》《保训》《耆夜》《金縢》《皇门》《祭公》《楚居》9 篇
第二辑	2011 年 12 月	《系年》1 篇（共分 23 章）
第三辑	2012 年 12 月	《说命上》《说命中》《说命下》《周公之琴舞》《芮良夫毖》《良臣》《祝辞》《赤鹄之集汤之屋》8 篇
第四辑	2013 年 12 月	《筮法》《别卦》《算表》3 篇
第五辑	2015 年 4 月	《厚父》《封许之命》《命训》《汤处于汤丘》《汤在啻门》《殷高宗问于三寿》6 篇

第六辑	2016 年 4 月	《郑武夫人规孺子》《管仲》《郑文公问太伯》（甲、乙）《子仪》《子产》5 篇
第七辑	2017 年 4 月	《子犯子馀》《晋文公入于晋》《赵简子》《越公其事》4 篇
第八辑	2018 年 11 月	《摄命》《邦家之政》《邦家处位》《治邦之道》《心是谓中》《天下之道》《八气五味五祀五行之属》《虞夏殷周之治》8 篇
第九辑	2019 年 11 月	《治政之道》《成人》《廼命一》《廼命二》《祷辞》5 篇
第十辑	2020 年 11 月	《四告》《四时》《司岁》《行称》《病方》5 篇
第十一辑	2021 年 11 月	《五纪》1 篇

一、研究缘起

郑国是西周晚期至战国时期非常重要的诸侯国，学界对郑国的研究成果也较为丰富。自 2008 年清华大学收藏清华简以来，相继整理、发表了多篇与郑国历史相关的战国简文，极具学术价值，这为研究郑国历史文化提供了新史料与新视角。其中，第二辑《系年》的若干章、第三辑《良臣》、第六辑的《郑武夫人规孺子》《郑文公问太伯》和《子产》等篇章均与郑国历史有直接关联，尤其是第六辑的三篇简文，在填补传世文献空白、完善现有文献研究等方面意义重大，由此也引发了学界对郑国史研究的浓厚兴趣。

纵观郑国的历史，无论是云谲波诡的两周之际、雄霸一时的春秋早期、"朝晋暮楚"的春秋中晚期，还是国祚倾覆的战国时期，郑国在西周晚期至战国时期的政局中都扮演着重要的角色。郑桓公作为郑国的始封之君在西周晚期担任王朝的司徒，其与史伯的对话是我们了解两周之际政治地理格局的重要材料（《清华大学藏战国竹简（壹）·系年》第 129 页）。郑桓公、郑武公二人在周王室内乱的过程中，不仅顺利完成了自己的国家东迁，还在周幽王、周平王不同势力之间处于不败之地，攫取了丰富的政治资源，以至于这个新兴的小国一跃成为"以正东方之诸侯"（《清华大学藏战国竹简（壹）·系年》第 140

页）的方伯。至郑庄公时，郑国击败周桓王，成为春秋"小霸"，拉开春秋争霸的序幕，使周王室的权威再难恢复。郑庄公后，郑国内乱，逐渐沦为秦、晋和楚等大国争霸的附庸。由于郑国地处"四战之地"，各诸侯国争霸过程中都想要把郑国纳入势力范围，郑国"朝晋暮楚"正是其战略地位重要性的反映。到了战国时期，韩国吞并郑国，并把国都迁到了郑地。

在以往，对郑国史的研究多为点式的专题突破，相关研究散见于各种期刊、专著、论文集以及网站，不成体系，直至 2010 年吉林大学苏勇的博士学位论文《周代郑国史研究》才系统地、整体地对郑国史进行研究。其后不久，载有郑国史事的清华简陆续公布，新出史料或不见于传世文献，或不同于传世文献记载，使得学界兴起了清华简与郑国史研究的热潮。缘此，史料的新出与前人研究的学术成果也为本选题的可行性提供了坚实的支撑。本书以清华简所见郑国史料为线索，对郑国历史诸多重大事件进行深入的剖析，或补传世文献不足，或丰富传世文献研究等；同时全面梳理清华简所载郑国史料中的政治思想，为中国思想史、法制史的研究提供新的视角。

二、学术综述

学术研究的根基是学术史，缺乏学术史的讨论是没有学术价值的，因为任何缺乏学术史坐标所讨论的问题都是没有意义的。相反，如果以学术史为坐标，对所研究的课题将能达到事半功倍的效果。

本书以清华简与郑国历史研究相结合为研究对象，与本书研究对象相关的简文分别著录于《清华简二》《清华简三》和《清华简六》。依据论文框架，现从清华简涉郑国简文研究情况、关于郑国历史的研究成果、郑国历史人物及政治思想的研究成果三方面进行学术综述。

（一）相关简文的研究情况

1.《系年》

2011 年，《清华大学藏战国竹简（贰）》，即《系年》刊布。共 138 支，本无篇名,整理者定为《系年》,分 23 章。其中第 1—4 章记录了西周时期的史事,第 5—19 章记载了春秋争霸的历史,其中晋国史事偏多,第 20—23 章记述了战国初期的史事。其中与郑国历史相关的简文是第 2 章的第 10—12 号简、第 6 章的第 37 号简、第 7 章的第 43 号简、第 8 章的第 45—47 号简、第 11 章的第 57 号简、第 12 章的第 61 号和 62 号简、第 13 章的第 63 号简、第 16 章的第 85 号和 90 号简、第 22 章的第 124 号简以及第 23 章的第 126—132 号简。以下仅从与本书关系较为密切的简文释读、相关历史新研究法以及《系年》性质辨析等三个方面,择其要者予以介绍。

(1) 相关简文的释读。自《系年》公布以来,关于该简文的释读成果十分丰富,其中苏建洲、吴雯雯和赖怡璇合著的《清华二〈系年〉集解》(台北:万卷楼图书股份有限公司,2013 年) 和李松儒的《清华简〈系年〉集释》(中西书局,2015 年) 最具有代表性。其他散见于各种期刊、专著、论文集以及网站的成果于此不再一一列举。

(2) 《系年》与古史研究。《系年》记载了西周至战国时期的历史,其中多与传世文献的记载契合,在一定程度上弥补了传统的历史认知,可以说《系年》的公布对先秦史研究具有深远的意义。也正缘于此,学界对于《系年》所载的古史问题极为关注。开此先河者是李学勤的《清华简〈系年〉及有关古史问题》(《文物》,2011 年第 3 期)。其后,李守奎主编的《清华简〈系年〉与古史新探》(中西书局,2017 年) 涵盖了数十篇"古史新探"的成果,其他零散见于各种期刊、专著、论文集以及网站的成果更为丰富,与郑国历史相关的研究成果详见后文。

(3) 《系年》的性质。《系年》原来没有标题,因为全简以楚系文字记载史事,其面貌多有纪年的特征,因此整理者将之类与《竹书纪年》,便拟名为《系年》。在目前所见的出土文献中,《系年》这样的具有"史书"风格的文献是极为稀少的,因此,关于其性质,学界也多有讨论。下面从两个方面进行综评。

其一，关于《系年》是不是史书。学术界普遍认为《系年》是史书，如李学勤、宋镇豪、夏含夷、陈伟、廖名春和许兆昌等学者均主张"史书"说。然而，很多学者也质疑《系年》为史书。如胡平生认为《系年》或是一部相关史料的摘抄本，并非独立成篇的古书（《清华简〈系年〉或有助填补周代研究空白》，《中国社会科学报》2011年12月22日）。陈民镇《〈系年〉"故志"说——清华简〈系年〉性质及撰作背景刍议》（《邯郸学院学报》，2012年第2期）则将《系年》的性质理解为"故志"。刘全志《论清华简〈系年〉的性质》（《中原文物》，2013年第6期）认为《系年》更接近于《春秋事语》，它的性质和汲冢竹书中的"国语"三篇相近。田云昊《清华简〈系年〉性质再探索》（《荆楚学术》，2017年第5期）认为《系年》或是一部未完成的有作者自身政治思想的史学著作，且具有劝谏君主、教育贵族子女的目的。

笔者认为，依据《系年》的内容，首先可以肯定它是一部成体系的作品，而非"一部相关史料的摘抄本"；其次，《系年》具有较强的史书性质，即该简文以记载历史的变化过程为线索；复次，《系年》的文字确实在一定程度上体现了作者的立场，但这个立场是以"共主"为主的，由此显现出一种目的性，却不影响其作为史书的性质。

其二，《系年》究竟是什么体例的史书。李学勤多次认为《系年》是编年体史书，详见其《清华简〈系年〉及有关古史问题》（《文物》，2011年第3期）和《由清华简〈系年〉论〈纪年〉的体例》（《深圳大学学报》，2012年第2期）等成果。而更多的学者认为，《系年》是一种纪事本末体史书。如廖名春、许兆昌、罗运环和夏含夷等持这种观点，而陈伟、冯时和李守奎更进一步将之与传世文献中记载的《铎氏微》进行关联，颇具启发性。

《系年》的体例及其史料价值是本书关注的一个重要问题，以上研究成果均为本书的论述提供了参考维度。

2.《良臣》

2012 年，《清华大学藏战国竹简（叁）》公布，第三辑共收录了《说命》（上、中、下）以及《周公之琴舞》《芮良夫毖》《良臣》《祝辞》《赤鹄之集汤之屋》等 8 篇，均为湮没两千余年的佚典，对于尚书学研究、诗学研究以及古史研究都具有重要意义。其中，《良臣》的内容与郑国历史有所关联，下文即对《良臣》的内容及学界相关研究成果予以介绍。

（1）《良臣》的文本与性质研究。自《良臣》公布以来，学者对其性质就见仁见智。马楠在《清华简〈良臣〉所见三晋〈书〉学》（《中国高校社会科学》，2013 年第 3 期）一文中指出："《良臣》言虞夏商周辅佐之臣，内容不全源自《君奭》，而与战国时一种类似于《书序》的文献密切相关。此种文献参考了《皋陶谟》《君奭》《吕刑》及《汤诰》《伊陟》《臣扈》《君陈》《君牙》等佚《书》，且与古文《尚书·书序》《书》说偶有相合。"正如马楠论文题目所指出的，《良臣》与三晋有密切关系，这一观点在刘刚的《清华叁〈良臣〉为具有晋系文字风格的抄本补证》（《中国文字学报》，2014 年刊）有更翔实的文字学论证。杨蒙生《清华简（叁）〈良臣〉篇管见》（《深圳大学学报》，2014 年第 2 期）认为："清华简《良臣》篇书写者的身份应该可以推定：他很可能是一位对历史有一定认识的三晋读书人，本惯用晋系书法，后来由于种种原因流落楚国，为养家糊口而成为抄手。"可见，学界基本认定《良臣》具有三晋的风格，其文本与三晋地区关系密切。

其实，《良臣》与传世文献中的《墨子·尚贤》《韩非子·内储说》《韩非子·外储说》《吕氏春秋·尊师》等均有相似性。陈伟《〈清华大学藏战国竹简·良臣〉初读》（武汉网，2013 年 1 月 4 日）、杨栋和刘书惠的《由〈吕氏春秋·尊师〉论清华简〈良臣〉中的"世系"》（《四川文物》，2015 年第 5 期）都关注到了这一问题。

（2）《良臣》中的历史人物研究。《良臣》涉及很多历史人物，为学界所关注。罗小华的《清华简〈良臣〉中的"女和"》（《考古与文物》，2018 年第 2 期）、《试论清华简〈良臣〉中的"大同"》（《管子学刊》，2015 年第 2 期）、《试论清华简〈良臣〉中的"咎犯"》（《古文字研究》，2016 年第 31 辑）、《试论清华简〈良臣〉中的"人"》（《出土文献》第八辑，2016 年）、《试论清华简〈良臣〉中的"子刺"》（《出土文献》第六辑，2015 年）分别论述了《良臣》中的"女和""大同""咎犯""人""子刺"等历史人物，认为："女和"即"女娲"；"大同"，应该作"夫同"，指的是《吴越春秋》中为勾践出谋划策的忠臣"扶同"；"咎犯"是晋文公的大臣"臼季"，而非狐偃；"人"是《史记》所载"常先"；"子刺"为《左传》所载"公孙虿"。另广濑薰雄《释清华大学藏楚简（叁）〈良臣〉的"大同"——兼论姑冯句鑃所见的"昏同"》（《古文字研究》，2014 年第 30 辑）则认为"大同"是传世文献中的"舌庸"。罗小华和广濑薰雄的观点与整理者所持"大同"是"大【夫】同（种）"即文种的观点不同，相关问题有待进一步讨论。此外，程浩的《由清华简〈良臣〉论初代曾侯"南宫天"》（《管子学刊》，2016 年第 1 期）、陈颖飞的《清华简〈良臣〉散宜生与西周金文中的散氏》（《出土文献》第九辑，2016 年）均是基于《良臣》讨论历史人物的论文。

其中，韩高年的《子产生平、辞令及思想新探——以清华简〈子产〉〈良臣〉等为中心》（《中原文化研究》，2019 年第 3 期）基于清华简《子产》《良臣》篇讨论了子产的生平、师承和理政思想等问题，此与本书关系较为密切；此外罗小华《试论清华简〈良臣〉中的"子刺"》认为"子刺"是子产之辅，亦与本书研究内容直接相关。

3.《清华大学藏战国竹简（陆）》所涉郑国三篇简文

2016 年，《清华大学藏战国竹简（陆）》公布，其中有三篇简文与郑国历史研究直接相关，分别是《郑武夫人规孺子》、《郑文公问太伯》（甲、乙本）和《子产》。这批简文的公布使学界对郑国历史的关注热度大为提升。此部分仅就三篇简文的释读成果进行综述，其所涉历史问题置于后文。

(1)《郑武夫人规孺子》

学者们对《郑武夫人规孺子》篇简文释读的文章有：李鹏辉《〈清华简(陆)〉笔记二则》(《中国文字学报》，2017 年刊)、王宁《清华简六〈郑武夫人规孺子〉宽式文本校读》(复旦网，2016 年 5 月 1 日)、李守奎《释楚简中的"规"——兼说"支"亦"规"之表意初文》(《复旦学报》，2016 年第 3 期)、尉侯凯《清华简六〈郑武夫人规孺子〉编连献疑》(武汉网，2016 年 6 月 9 日)、庞壮城《〈清华简(陆)〉考释零笺》(武汉网，2016 年 4 月 27 日)等。

(2)《郑文公问太伯》(甲、乙本)

学者们对《郑文公问太伯》篇简文释读的文章有：赵平安《〈清华简(陆)〉文字补释(六则)》(《出土文献》第九辑，2016 年)、徐在国《清华六〈郑文公问太伯〉札记一则》(武汉网，2016 年 4 月 17 日)、苏建洲《清华六〉文字补释》(武汉网，2016 年 4 月 20 日)、桂珍明《清华六〈郑文公问太伯〉"馈而不二"引喻考论》(复旦网，2016 年 5 月 2 日)、王宁《清华简六〈郑文公问太伯〉的"萦轭""遗阴"解》(复旦网，2016 年 5 月 16 日)、王宁《清华简六〈郑文公问太伯〉"函""訾"别解》(复旦网，2016 年 5 月 20 日)、尉侯凯《〈郑文公问太伯〉(甲本)注释订补(三则)》(武汉网，2016 年 6 月 6 日)等。

(3)《子产》

学界对《子产》的研究较为丰富，包括文字的隶定与释读、简文的句读和文字风格研究等方面。李学勤在《有关春秋史事的清华简五种综述》(《文物》，2016 年第 3 期)中简要介绍了相关简文的性质内容和竹简形制。此外，还有陈可红《〈清华大学藏战国竹简(陆)〉异体字、通假字汇释》(安徽大学硕士学位论文，2018 年)和石小力《清华简第六辑中的讹字研究》(《出土文献》第九辑，2016 年）等论文也对《子产》的简文进行了分析和解读。

关于清华简的研究涉及古文字学、考古学、历史学和文献学等诸多领域，虽然其公布至今不过十余年，但学界的研究成果可谓汗牛充栋。以上仅对与本书关系密切的成果予以简述。

（二）关于郑国历史的研究成果

清华简《系年》《郑武夫人规孺子》《郑文公问太伯》中对郑国历史的记载十分丰富，因此学界关于清华简与郑国历史的研究成果也较为丰硕。郑国的历史主要可分为郑国始封、东迁的早期发展阶段，郑庄公"小霸"时期的顶峰时期和郑国衰落至灭亡时期几个阶段。关于郑庄公时期的综述置于下部分中，于此仅就郑国早期历史和中晚期衰落至灭亡的两个时期的内容进行综述。

1.郑国早期历史问题

学界关于郑国早期历史的论述主要包括郑国的始封与东迁两个方面。关于前者，张以仁的《郑桓公非厉王之子说述辨》（《春秋史论集》，台北联经出版事业公司，1990 年）重点讨论了郑桓公的身份，坚持了郑桓公为周厉王之子的传统观点。文梦霞《春秋郑国建国史之探讨》（台北：文史哲出版社，1991 年）对郑国早期建国的历史进行了深入研究。苏勇的博士学位论文《周代郑国史研究》对郑国早期历史中的桓公身份和郑国始封地望等问题进行了论述。关于郑国东迁这个艰难的过程，可以分为设计东迁，灭虢、郐，巩固领土三个阶段。晁福林的《试论东迁以后的周王朝》（《宝鸡文理学院学报》，1990 年第 1 期）、张以仁所写《郑国灭郐资料的检讨》（《春秋史论集》，台北联经出版事业公司，1990 年）、邵炳军在《郑武公灭桧年代补证》（《上海大学学报》，2005 年第 1 期）中对此均提出了看法。而王红亮《清华简（六）〈郑武公夫人规孺子〉有关历史问题解说》（复旦网，2016 年 4 月 17 日）、王宁《由清华简六二篇说郑的立国时间问题》（复旦网，2016 年 4 月 20 日）、马楠《清华简〈郑文公问太伯〉与郑国早期史事》（《文物》，2016 年第

3 期）则结合清华简相关简文对相关问题进行了分析。刘光《清华简〈郑文公问太伯〉所见郑国初年史事研究》（《山西档案》，2016 年第 6 期）结合简文新见内容对郑桓公时期的史事和郑庄公所伐"齐酅之戎"进行了探究。首先，他指出郑国克郐之年当是在公元前 769 年，即周幽王既败二年，晋文侯十二年，并提到程浩曾言及此，但他将《汉书·地理志》臣瓒之说误当作了《竹书纪年》之言。其次，基于赵光贤、晁福林等学者对《诗经·小雅》中《十月之交》等五篇写作年代问题的考证，推测出郑桓公东迁的战略意图有两点：一是为避祸，二是奉周平王之命经营成周及周边地区，为平王东迁做准备。最后，关于"齐酅之戎"展开论述，断定"齐酅之戎"当是"济水之戎"，而非北戎。此外，吴良宝《清华简地名"鄅""邘"小考》（《出土文献》第九辑，2016年）对两个地名的考释有利于我们对两周之际郑国的政治地理策略的理解。

2.郑国衰落至灭亡时期的研究成果

学界关于此时期的研究成果较为丰富。前述苏勇的博士学位论文《周代郑国史研究》对此有所专论。郑国衰落一方面缘于大国争霸的压力，另一方面则受困于内部"七穆"的争斗。关于前者，李亚男的《春秋时期郑国外交辞令研究》（广西大学硕士学位论文，2017 年）、梁霞的《春秋时期郑国外交研究》（山东大学硕士学位论文，2009 年）对这一时期郑国的外交情况进行了深入研究；关于后者，房占红的《七穆与郑国的政治》（吉林大学硕士学位论文，1995 年）、林宝华的《春秋郑国卿族的权力维系及其历史变迁》（江西师范大学硕士学位论文，2012 年）都较为详细地论述了以"七穆"为代表的卿族争斗对郑国历史的影响。

清华简相关简文公布后，学界以简文为基础讨论郑国衰落与灭亡的论文也陆续面世。如程浩的《牢鼠不能同穴：基于新出土文献的郑国昭厉之乱再考察》（《史林》，2019 年第 3 期）和《困兽犹斗： 新史料所见战国前期的郑国》（《殷都学刊》，2018 年第 1 期）分别对郑国衰落的起点即昭厉之乱和郑国在战国初期的灭亡进行了分析论证。马卫东的《清华简〈系年〉与郑子阳之难新探》（《古代文明》，2014 年第 2 期）重点分析了战国初期郑国灭亡前发生的"子阳之难"，子阳之难中郑缪公被弑杀，郑国失去了最后恢复国力的希望，终于被韩国所灭。杨博的《裁繁御简：〈系年〉所见战国史书的编纂》（《历史研究》，2017 年第 3 期）对战国早期的历史有所分析，也涉及郑国灭亡的相关问题。

（三）关于郑国人物及其思想的研究成果

郑国历史上最具影响力的人物当属春秋"小霸"郑庄公和一代名相子产，因此学界对这两个人物的研究成果也最为丰富。

1.郑庄公

郑庄公为郑武公与夫人武姜之长子，是郑国的第三代国君。由于武姜在生产庄公时受到惊吓，故取名为"寤生"，所以武姜不喜欢庄公，而更爱幼子共叔段。郑武公去世后，武姜与共叔段发起了反叛郑庄公的政变，但是被郑庄公以高超的政治、军事手段镇压了，这就是著名的"郑伯克段于鄢"。稳固内政后，郑庄公积极在祖父桓公、父亲武公的基础上拓展郑国霸业，并在"繻葛之战"打败了周桓王，填补了平王东迁至齐桓公称霸之间诸夏地区的权力真空。郑庄公去世后，诸公子内乱，使得其开创的霸业陨落。郑庄公拉开了春秋诸侯国争霸的序幕，史称"春秋小霸"。正因为郑庄公在历史上的独特地位，学界对其十分关注，研究成果颇丰。

（1）郑庄公的霸业。姜树的《试论郑庄公》（《齐齐哈尔师范学院学报》，1983 年第 2 期）从内政、外交等方面对郑庄公进行较全面论述。冯庆余的《郑庄、齐桓、宋襄的霸政》（《松辽学刊》，1990 年第 2 期）对比了郑庄公与齐桓公、宋襄公的霸业。刘志玲的《论春秋时期郑国的外交政策》（《鄂州大学学报》，2002 年第 2 期）认为郑庄公时期郑对周武力相挟，威兵相加，与诸侯国之间恭行王命，讨伐不义。于薇的《从王室与苏氏之争看周王朝的王畿问题》（《社会科学辑刊》，2008 年第 2 期）认为周桓王与郑庄公的温地并非王室所有。

（2）"郑伯克段于鄢"问题。韩益民在《"郑伯克段于鄢"地理考》（《北京师范大学学报》，2006 年第 4 期）一文中从地理的角度考察当时的政治形势，认为庄公无意杀弟，所谓杀弟之说实为臆断。荆贵生的《"郑伯克段于鄢"的"鄢"》（《中国语文》，1995 年第 2 期）、邬锡非的《制和"北制"》（《杭州大学学报》，1988 年第 1 期）等文对"郑伯克段于鄢"的地理进行了考察。

"郑伯克段于鄢"还涉及《诗经》的相关问题。黄海烈、陈剑的《〈诗〉篇新证》（《古籍整理研究学刊》，2006 年第 1 期）结合文献与考古材料，认为《叔于田》《大叔于田》中的"叔"就是《左传》中的共叔段，两首诗的内容也与郑伯克段有关。晁福林《上博简〈诗论〉与〈诗·郑风·将仲子〉的几个问题》（《南都学坛》，2004 年第 6 期）利用上博简《诗论》加以探究，认为该诗虽有民歌之风，却在描摹郑庄公的辞语，汉儒美刺之说过多地附会史实。此外，还有崔向荣的《宗周旧秩序的叛逆——重评〈左传〉中的郑庄公》（《中山大学学报论丛》1998 年第 1 期）、于年河的《论〈左传〉叙写郑庄公的倾向性》（《齐齐哈尔大学学报》，1989 年第 6 期）、于淑华的《郑庄公新论》（《昭乌达蒙族师专学报》，1996 年第 4 期）等论文专论郑庄公，不再赘举。

2.子产

子产是中国历史上的名臣，他本为郑国公室之后（郑穆公之孙），于郑简公、郑定公时期执政，进行了一些改革措施，使衰落的郑国得以在大国争霸中安身立命。子产的施政以及其执政的理念多为学界关注。

（1）子产施政及其思想。杨育坤《子产治郑》（《西安教育学院学报》，2003 年第 3 期）一文认为，春秋后期，原居"国"或"野"的征服者与被征服者……地位相应有所变化，后者地位提高了……这是历史发展的需要。春秋中后期，国都与鄙野之间的界限渐趋消失……礼法已不那么受到人们的重视……子产推行的"都鄙有章，上下有服"……旨在使社会重新走上遵礼守法道路。王秋月《传承与变革：春秋子产事功述论》（东北师范大学硕士学位论文，2011 年）一文认为子产的这一举动"在一定程度上限制了传统礼制社会下贵族垄断法律、随意解释法律的特权"。李慧芬《子产治郑的策略研究》（陕西师范大学硕士学位论文，2006 年）一文，作者从子产所在郑国当时所面临的内忧外患入手，探讨了子产执政后在内政外交上采取的措施及策略，认为他改变了"唯强是从"的原则，采取"从晋和楚"的策略和"依礼力争"的战略，并总结了子产治郑所产生的积极作用和后世对子产的评价。宇文行的《简论子产外交思想与艺术》（《外交学院学报》，1994 年第 4 期）认为子产内治先于外交，在大国夹缝中能够做到不亢不卑、以理服人。

　　(2) 子产"铸刑书"问题。在黄广进《再论子产铸刑书事件》（《西南民族大学学报》，2005 年第 4 期）一文中，"征书"明确规定了罪和刑，民众知道了自己行为的界限，界限之内就是自由行动……规避法律，就会产生"争心"。李玉洁的《春秋时期郑国的成文法与"悬书"》（《中州学刊》，2007 年第 1 期）认为子产"铸刑书"标志着中国古代第一部成文法的产生，与此同时郑国也出现了我国最早的"悬书"和狱讼制度，这些都是建立在郑国经济的繁荣、民众思想水平提高的基础上的。

　　(3) 清华简与子产研究。王捷在《清华简〈子产〉篇与"刑书"新析》（《上海师范大学学报》，2017 年第 4 期）一文中指出，由简文记载可推知，子产时期的"刑书"或已包括了"令"和"刑"两种法律规范形式；郑之"令""刑"源自夏、商、周三邦，子产所颁"刑书"应与周制有直接渊源关系。简文提及的"郑令""野令"与"郑刑""野刑"，涉及周代的"国野"体制，《子产》篇作者认为子产定"郑刑""野刑"目的在于"刑辟"。

　　王沛在《子产铸刑书新考：以清华简〈子产〉为中心的研究》（《政法论

坛》，2018 年第 2 期）中认为，《左传》中子产"铸刑书"侧重叔向的反对言论，而清华简《子产》篇则是赞扬其安邦定国、顺天应民的政策，叙述重点不同，是两种思潮碰撞的表现，并提及清华简《子产》篇中郑国的立法有令刑、国野之分。张伯元《清华简六〈子产〉篇"法律"一词考》（武汉网，2016 年 5 月 10 日）对《子产》简 20 中出现的"法律"一词进行了考证，得出了"这里的'法律'与铸刑鼎似无关"的结论。

综合相关研究可以看出，以传统方法研究郑国历史的论著较为丰富，而随着清华简的陆续公布，其所载郑国历史的简文更为学界关注。首先，研究集中于对相关简牍的释读上，专家辈出，成果丰硕。其次，学界关于《系年》《良臣》《郑武夫人规孺子》《郑文公问太伯》和《子产》等篇章的性质予以讨论，前贤见仁见智，多有裨益。再次，学界聚焦于两周之际郑国的历史，并试图在两周之际复杂的历史脉络中找出郑国的立场，诸多相关的历史问题也为学者探幽求证。复次，清华简所载郑国人物也得到学界的关注，尤其是郑庄公与子产，相关讨论十分丰富。

综上所述，关于清华简与郑国历史的研究是当今先秦史学界关注的一个热点，专家学者在此领域多有建树。然而，仍有一些问题有待进一步探索，或为本书的突破口。其一，学界对清华简所载郑国的史料多有分析研究，却缺乏整体的梳理。其二，关于郑国历史的研究也多为点式的突破，鲜有整体的把握。其三，关于两周之际郑国的历史问题，学界争论较大，莫衷一是，有进一步研究之余地。坚持传世文献与清华简、青铜器铭文等出土文献的对比研究，即王国维倡导的"二重证据法"越来越成为先秦史研究的主流方法。因此，相关问题未来的研究趋势就是在这一方法指导下，更深入地挖掘传世文献与出土文献的内容，以丰富现有的诸多认知。

三、研究思路

本书以清华简所涉郑国简文为基础，探讨郑国历史诸多重要问题，并分析郑国主要历史人物及其思想。在这一总体思路指导下，完成本书之研究需要从以下方面进行：

首先，夯实基础。本书涉及清华简文的整理，因此需在了解楚简形制、楚系文字等学问的基础上，广泛搜罗与研究主题相关的材料与研究著作并综合学界各家观点对相关简文进行系统地梳理、阐释。借此不仅为本书做文献基础的准备，更希冀为学界的进一步研究提供便利。

其次，对比分析。清华简所涉郑国简文既有合于传世文献的内容，也有记载差异之处，更有"独记"的现象。"大抵史料之为物，往往有单举一事，觉其无足重轻，及汇集同类之若干事比而观之，则一时代之状况可以跳活表现……每遇一事项，吾认为在史上成一问题，有应研究之价值者，即从事于彻底精密的研究，搜集同类或相似之事项，综析比较，非求得其真相不止。"①正如此，在理解这些简文价值的基础上，综合相关青铜铭文、可信传世文献，解决相关历史问题，方可得出较为可信的结论。

最后，提升认识。由于简文涉及郑国诸多历史人物及其思想言论，因此，在宏观的思想史范畴对这些材料进行梳理和研判，以此阐述自己的看法、观点，进而可深化对简文意旨的认识。

四、创新之处

第一，材料新颖。本书紧跟学术前沿，在传世文献和周代彝铭的基础上，系统梳理最新公布的清华简中涉及郑国的相关史料，并对相关史事予以考辨分析。

第二，视角鲜明。自清华简陆续公布以来，关于郑国的研究已然成为较热门的话题，但是前贤们研究多为点式的突破，鲜有在系统整理相关简文的基础上，对所涉及郑国史事及政治思想进行较为系统研究的论著。本书整合最新学

---

① 梁启超：《中国历史研究法》，石家庄：河北教育出版社，2000 年版，第 81 页、第 83 页。

术观点，使分散的研究系统成型，可为学界今后更进一步研究郑国历史提供一份系统的资料。

第三，认识深化。本书在总结史料与前贤观点的基础上，结合历史学及古文字学等相关知识对新见郑国史事进行整理和研究，对两周之际的郑国史事进行考辨，并对清华简涉郑史料中所蕴含的政治思想进行了挖掘，补传世文献之不足，比如郑武公在郑国东迁后对郑国领土发展和取得诸夏的领导地位所做的贡献，这是未见于传世文献之内容；挖掘郑国史料深层内涵，更有助于深入认识和了解郑国的社会现实和思想状况。

第一章

清华简所见涉郑国相关简文释析

第一章
清华简所见涉郑国相关简文释析

    经碳－14法测定证实，清华简应为战国中晚期的文献，由于未经秦火销毁及后人的修改、窜入，其更能最大限度地展现古书的原貌。更为重要的是，清华简文的内容十分丰富，不仅关涉包括《尚书》《逸周书》等诸多重要的书类文献，还有类似于《竹书纪年》的编年体史书——《系年》，更有《算表》《筮法》之类的巫卜数术类典籍，这些文献对先秦历史、古书形成、早期思想等方面的研究具有极高的价值，研究它们有助于了解中华文化初期的发展脉络。其中更不乏关乎郑国历史、人物及政治思想的内容，这对史料相对较少的郑国史研究意义更为突出。

    由于清华简本身保存较好，加之清华大学专门成立出土文献研究与保护中心，著名历史学家李学勤担任主任，并组织人员系统开展清华简整理工作，使得清华简较少有错简情况，编连次序基本可以确定，整体通读效果较好。当然，仍有很多具体问题在学界尚有争议，故在利用简文深入探究郑国历史之前，综合学界观点对相关简文进行基本的考察就显得尤为重要。

第一节　清华简涉郑国相关简文汇整

与郑国历史直接相关的简文包括《系年》《良臣》《郑武夫人规孺子》《郑文公问太伯》（甲、乙）以及《子产》《晋文公入于晋》六篇文献。笔者在前贤研究的基础上，对上述简文的释读情况进行汇整，以为后文对郑国历史进行阐释提供新史料的基础。需要说明的是，由于《良臣》相关简文较少，而《晋文公入于晋》相关简文只有一句，为形式上的便利，故将两简文合在一起汇整。现将汇整的相关结果分篇列举如下。

一、《系年》

清华简《系年》甫一现世，便引起学界强烈的反响，因为这是一部内容从商周鼎革到战国初期的"史书"。《系年》的史学价值已毋庸置疑了，其中涉及的郑国史事对史料较少的郑国史研究更显弥足珍贵。《系年》共 23 章，所涉郑国史事颇多，下文综合各家考释意见，仅将与郑国历史相关联的简文释读如下：

（一）第 2 章

简 010：于京𠂤（师），奠（郑）武公亦政（正）①东方之者（诸）侯。武公即殜（世），②臧（庄）公即立（位）；臧（庄）公即殜（世），邵（昭）公即立

---

①关于简文中的"政"，学界大致有三种观点：第一，整理者认为"政"与"正"通，训为"长"，此云郑武公为东方诸侯之长；（清华大学出土文献研究与保护中心编，李学勤主编：《清华大学藏战国竹简（壹）》，上海：中西书局，2010 年，第 140 页）第二，子居认为"政"当通"征"，意为征伐，与前文晋人启土之事呼应。子居：《清华简〈系年〉1～4 章解析》，孔子 2000 网，2012 年 1 月 6 日；刘建明认为"政"不必通"正"，两者都有统一而征伐之意。刘建明：《古文字释读的"还本性"论——以〈系年〉为例》，孔子 2000 网，2012 年 12 月 19 日。这里我们遵循整理者的意见，认为"政"通"正"，一个重要理由是，郑武公的功绩不仅是巩固、扩展了郑桓公东迁的新领土，更帮助平王东迁，获得王室的信任，成为王室执政卿，成为东方诸侯的方伯，因此"正东方之诸侯"，即成为东方诸侯长更符合历史与简文文意。

②整理者认为"即世"，意为亡卒。清华大学出土文献研究与保护中心编，李学勤主编：《清华大学藏战国竹简（壹）》，上海：中西书局，2010 年，第 140 页。

（位）。

简011：亓（其）夫＝（大夫）高之巨（渠）尔（弥）杀卲（昭）公而立亓（其）弟子矍（眉）寿。齐襄公会者（诸）侯于首壮（止），杀子

简012：矍（眉）寿，车歕（辗）高之巨（渠）尔（弥），改立柬（厉）公，①奠（郑）以訋（始）政（正）……

《系年》第2章主要论及周幽王晚期西周出现的王室内乱导致的西周灭亡，以及在此之后形成的王室并立与诸侯并起的局面。其中，第10简至第12简集中记载了郑武公至郑厉公复辟的历史。简文较为重要的历史讯息有三点：一是，在两周之际，诸侯崛起的过程中述及晋、楚的兴起，但用更多笔墨特别强调了郑国的历史；二是，记载郑庄公死后的四公子之乱时，将郑厉公第一次篡权即位，郑昭公的复辟，郑君子仪的即位、被弑等事件剪除；三是，关于历史细节，如子矍的名字、高渠弥的结局等，有待进一步考究。

（二）第6章

简037：之能内（入），乃迨（适）衞＝（卫，卫）人弗善；迨（适）奠＝（郑，郑）人弗善；乃迨（适）楚……

《系年》第6章记载晋文公流亡之事。晋文公路过郑国，郑文公对其十分怠慢，简文与传世文献所载一致。此段简文的主要价值在于对晋文公出亡路线的记载与传世文献有所差异，此与郑国历史关切不大，不予赘述。

（三）第7章

简041：晋文公立四年，楚成王衞（率）者（诸）侯以回（围）宋伐齐，戍斁（谷），居鑢。晋文公囟（思）齐及宋之

简042：悳（德），乃及秦自（师）回（围）曹及五鹿（鹿），伐衞（卫）以敓（脱）齐之戍及宋之回（围）。楚王豫（舍）回（围）归，居方城。

简043：命（令）尹子玉述（遂）衞（率）奠（郑）、衞（卫）、陈、鄁

①高之渠弥，即高渠弥。子眉寿，传世文献作子亹，简文矍与亹，通假。寿，或为子眉之字。关于高渠弥的结局，《左传》记载其被齐襄公车裂，《史记》则记载其归国仍参与政事，《系年》与《左传》的记载一致。

（蔡）及群蠻（蛮）尸（夷）之自（师）以交文＝公＝（文公。文公）衒（率）秦、齐、宋及群戎

简044：之自（师）以败楚自（师）于城僕（濮），述（遂）朝周襄王于衡灘（雍），献楚俘馘，果（盟）者（诸）侯于埖（践）土。

《系年》第7章主要论述晋楚城濮之战以及战后的践土之盟，在此过程中郑国跟随楚国，终被晋国所领导的联军击败。简文中晋国联军与楚国联军的阵容与传世文献记载有所差异，尤其强调了晋联军中的"群戎"、楚联军中的"群蛮夷"，这是值得思考的现象。

（四）第8章

简045：晋文公立七年，秦、晋回（围）奠＝（郑，郑）降秦不降晋＝（晋，晋）人以不懘。[1]秦人豫戍[2]于奠＝（郑，郑）人敃（属）北门之笑（管）于秦＝之＝

简046：戍＝人＝（秦之戍人，秦之戍人）史（使）人帰（归）告曰："我既旻（得）奠（郑）之门笑（管）也（已），乒（来）富（袭）之。"[3]秦自（师）牺（将）东富（袭）奠＝（郑，郑）之贾人弦高牺（将）西

简047：市，遇之，乃以奠（郑）君之命袰（劳）秦三衒（帅），秦眢（师）乃遑（复），伐顤（滑），取之……

《系年》第7章主要论述城濮之战后，秦、晋两国由秦晋之好到崤之战的决裂过程。在此过程中，郑国是直接导火索，足见郑国在春秋大国争霸中的地位之重要，简文内容与传世文献大体一致。

---

①整理者认为"不懘"，就是不悦，并引《说文》："懘……说（悦）也。清华大学出土文献研究与保护中心编，李学勤主编：《清华大学藏战国竹简（壹）》，上海：中西书局，2010年，第155页。

②孙飞燕认为，豫戍，即舍戍，舍，置也。（孙飞燕：《读〈系年〉札记三则》，复旦大学出土文献与古文字研究中心网，2012年3月9日）

③整理者认为笑即管，富即袭。清华大学出土文献研究与保护中心编，李学勤主编：《清华大学藏战国竹简（壹）》，上海：中西书局，2010年，第155—157页。巳，通"已"，整理者原定为"也"，误。参考苏建洲，吴雯雯，赖怡璇：《清华二〈系年〉集解》，台北：万卷楼图书股份有限公司，2013年，第396页。

（五）第11章

简056：楚穆王立八年，王会者（诸）侯于发（厥）貉（貉），殹（将）以伐宋＝（宋。宋）右帀（师）芋（华）孙兀（元）欲袋（劳）楚帀（师），乃行，

简057：穆王思（使）殴（驱）臮（孟）者（诸）之麋，霏（徙）之徒菌。宋公为右（左）芋（孟），奠（郑）白（伯）为右芋（孟）……

《系年》第11章主要记载楚穆王八年集结诸侯欲讨伐宋，结果宋国未战而降，于是诸侯便将战事变为狩猎活动之事。此事见于《左传·文公十年》，此时郑国已经从附属晋国逐渐转向楚国，并参加了这次楚穆王主导的军事行动。该简文一个重要的历史价值是，纠正了《左传·文公十年》记载"宋公为右盂，郑伯为左盂"之误。[①]

（六）第12章

简061：楚臧（庄）王立十又四年，王会者（诸）侯于醨（厉），奠（郑）成公自醨（厉）逃归，[②]臧（庄）王述（遂）加奠（郑）嚻（乱）。晋成

简062：公会者（诸）侯以我（救）奠（郑），楚自（师）未还，晋成公栾（卒）于扈。[③]

《系年》第12章主要记载楚庄王十四年举行厉之盟，郑襄公逃跑，楚国伐郑，晋国救郑之事。此事传世文献记载未明，导致后人理解有所分歧。简文的记载对相关历史的了解有所裨益，当时楚庄王带领的楚国蒸蒸日上，晋国也在晋灵公之乱后有所恢复，两大国围绕郑国又展开博弈。这次楚庄王与晋成公

[①] 参考王红亮：《清华简〈系年〉中周平王东迁的相关年代考》，《史学史研究》，2012年第4期。

[②] 楚庄王十四年，即《春秋·宣公九年》，《春秋》及三传对此均有提及。只有《左传·宣公十一年》追述："厉之役，郑伯逃归。"杜预注："盖在六年。"从简文来看，此事当发生在宣公九年。此时，郑国君主为郑襄公，而非郑成公，盖简文之误。参考清华大学出土文献研究与保护中心，李学勤主编：《清华大学藏战国竹简（贰）》，上海：中西书局，2011年，第163页。

[③] 扈，郑地，位于今河南原阳西。晋楚这次围绕郑国的冲突见于《春秋·宣公九年》及《左传》的记载。参考清华大学出土文献研究与保护中心，李学勤主编：《清华大学藏战国竹简（贰）》，上海：中西书局，2011年，第163—164页。

的较量是晋、楚邲之战的前奏，因晋成公的去世而中断。

（七）第 13 章

简 063：……[臧（庄）]王回（围）奠（郑）三月，奠（郑）人为成。①晋中行林父衔（率）自（师）戕（救）奠（郑），臧（庄）王述（遂）北

《系年》第 13 章主要记载晋楚围绕争夺郑国展开的邲之战。由于战前郑国已经投降楚国，导致晋国援军抵达时军内关于是否继续开战有所分歧，主帅荀林父，即简文中的中行林父未能审时度势，在军心摇摆中开战，被楚军击败。简文内容与传世文献记载基本一致。

（八）第 15 章

简 074：楚臧（庄）王立，吴人服于楚。陈公子諐（征）郐（舒）取妻于奠（郑）穆公，是少盉……②

《系年》第 15 章主要记载夏姬之乱与巫臣叛楚逃晋，并帮扶吴国兴起牵制楚国之事。春秋中晚期的政局因为郑穆公之女夏姬，即简文所载"少盉"而改变。简文所载夏姬之事与传世文献多有不同，学界已有所关注。③

（九）第 16 章

简 085：楚龙（共）王立七年，命（令）尹子襢（重）伐奠（郑），为沁之自（师）。④晋竞（景）公会者（诸）侯以戕（救）郑＝（郑，郑）人戠

---

①简文在"王围郑三月"之前有残简，整理者补臧（庄）字，清华读书会认为残简为"楚王立十又七年"八字，而整理者所补充臧字则无必要。李松儒也认为读书会的说法更准确。详见李松儒：《清华简〈系年〉集释》，上海：中西书局，2015 年，第 193 页。

②諐郐，即传世文献中的夏征舒，少盉即传世文献中的夏姬。传世文献记载夏征舒为夏姬之子，简文记载二人为夫妻关系。关于这个问题，程薇进行了详尽的考证，从绝对时间上判断夏姬是征舒的妻子，而非母亲。（程薇：《清华简〈系年〉与夏姬身份之谜》，《文史知识》，2012 年第 7 期。）由此以简文纠正了传世文献的误载，极具意义。

③参考陈瑶：《清华简〈系年〉与夏姬身份考论》，《北方论丛》，2019 年第 6 期。

④楚共王七年，即鲁成公七年，《春秋·成公七年》载："秋，楚公子婴齐帅师伐郑。"同年《左传》记载："秋，楚子重伐郑，师于汜。"公子婴齐，即子重，简文䣊即传世文献的汜，位于郑地。参考清华大学出土文献研究与保护中心编，李学勤主编：《清华大学藏战国竹简（贰）》，上海：中西书局，2011 年，第 174—175 页。

（止）芸（郹）公义（仪），献①

简090：……𤴯（共）王亦衔（率）自（师）回（围）奠（郑），東（厉）公栽（救）奠（郑），败楚自（师）于隰（鄢）。②東（厉）公亦见褙（祸）以死，亡逡（后）。

《系年》第16章主要记载晋楚第一次弭兵之会的过程。其中第85号、90号简与郑国历史相关，这两支简文分别记述了第一次弭兵之会的起因与结果，足见郑国在此次事件中的重要地位。第一次弭兵之战后，晋楚间又爆发了争霸战，终于再一次围绕郑国进行了鄢陵之战，晋国获胜，楚师败绩。相关简文与传世文献记载有所不同。

（十）第22章

简124：丘晋公献齐俘馘于周王，述（遂）以齐侯貣（贷）、鲁侯羴（显）（显）、宋公畋（田）、卫侯虔、奠（郑）白（伯）鉰（骀）朝

简125：周王于周。③

《系年》第22章主要记载战国初期三晋伐齐，献齐俘以图获得周王及诸侯的认可，这是三家分晋过程中的重要一环。此时，郑国的君主名为骀，即《史记·郑世家》所载郑缗公。

（十一）第23章

简126：楚圣（声）赹（桓）王立四年，宋公畋（田）、奠（郑）白（伯）鉰（骀）皆朝于楚。④王衔（率）宋公以城瞫鄎（关），是（实）武旒

----

①简文"芸公义"，《左传》写作"郹公钟仪"。
②关于鄢陵之战的记载，清华简文与传世文献记载差异较大。简文记载"共王亦率师围郑，厉公救郑，败楚师于鄢"，而传世文献记载则是晋国讨伐郑国，郑国与楚国对抗晋国。笔者倾向于《左传》的记载，简文记载恐有误，详见后文。
③此晋公为晋烈公，事发生于晋烈公十六年，魏赵韩三家伐齐入长城，并献俘于周王室，实际是图求诸侯的名分。郑伯骀，即郑缗公，是郑国晚期的君主，为郑幽公之弟。
④据《六国年表》记载，楚声桓王四年为周威烈王二十二年，诸多学者认为依据《系年》22、23章，楚声桓王只在位四年，而非传世文献记载的六年。详见李锐：《由清华简〈系年〉谈战国初楚史年代的问题》，《史学史研究》2013年第2期。

（阳）。①秦人

简127：败晋自（师）于茖（洛）佥（阴），以为楚敓（援）。圣（声）王即瘗（世），勼（悼）折（哲）王即立（位）。奠（郑）人戠（侵）憤闗（关），旟（阳）城洹（桓）恶（定）君衔（率）

简128：犊闗（关）之自（师）与上或（国）之自（师）以迄（交）之，与之戬（战）于珪（桂）陵，楚自（师）亡工（功）。②竞（景）之贾与鐴（舒）子共戠（止）而死。③畾（明）

简129：戠（岁），晋疃余衔（率）晋自（师）与奠（郑）自（师）以内（入）王子定。遴（鲁）易公衔（率）自（师）以迄（交）晋＝人＝（晋人，晋人）还，不果内（入）王子。④畾（明）戠（岁），

简130：郎臧（庄）坪（平）君衔（率）自（师）戠（侵）奠＝（郑，郑）皇子＝（子、子）马、子池、子垟（封）子衔（率）自（师）以迄（交）楚＝人＝（楚人，楚人）涉沭（汜），⑤牺（将）与之戬（战），奠（郑）自（师）逃

---

①榆关的榆，简文有多种写法，作髄、憤、犊，其地望在今河南中牟南，当时应属郑地。杨宽认为："榆关在新郑与大梁之间，原为郑地，为出入中原之重要门户，成为此后魏与楚争夺之地。"详见杨宽：《战国史料编年辑证》，上海：上海人民出版社，2016年，第219页。

②苏建洲认为阳城桓定君的称谓都是"封地＋谥号＋君"的形式。详见苏建洲，吴雯雯，赖怡璇：《清华二〈系年〉集解》，台北：万卷楼图书股份有限公司，2013年，第898—899页。桂陵，整理者认为在今河南长垣北，详见清华大学出土文献研究与保护中心编，李学勤主编：《清华大学藏战国竹简（贰）》，上海：中西书局，2011年，第198页。

③景之贾与舒子共，均为楚国氏族。详见清华大学出土文献研究与保护中心编，李学勤主编：《清华大学藏战国竹简（贰）》，上海：中西书局，2011年，第198页。

④晋国疃余，史籍未载。王子定，整理者认为王子定是周之王子，详见清华大学出土文献研究与保护中心编，李学勤主编：《清华大学藏战国竹简（贰）》，上海：中西书局，2011年，第198页。代生认为王子定为楚国王子，详见代生、张少筠：《清华简〈系年〉所见郑国史事初探》，《中南大学学报（社会科学版）》2015年第3期。根据简文前后内容，当时晋楚正在博弈，楚国出现王位交替现象，晋国出兵拥立王子定入楚以争夺政治优势，这是合乎大局的，因此王子定为楚王子的观点更为可信。

⑤郎庄平君，楚国封君。对于郑国的四位将帅，传世文献没有对应的记载。苏建洲认为皇子、子封子，即"以氏配子"，当为春秋战国通例，子马、子池，或为美称"子"＋名，或为"子马子"，子马为氏。详见苏建洲，吴雯雯，赖怡璇：《清华二〈系年〉集解》，台北：万卷楼图书股份有限公司，2013年，第898—899页。

简131：内（入）于蔑。①楚𠂤（师）回（围）之于鄤（蔑），聿（尽）逾奠（郑）𠂤（师）与亓（其）四遒（将）军，以歸（归）于郢，奠（郑）大宰（宰）愯（欣）亦记（起）禍（祸）于

简132：奠＝（郑，郑）子旓（阳）用灭，亡遂（后）于奠（郑）。②晜（明）哉（岁），楚人歸（归）奠（郑）之四牖（将）军与亓（其）万民于奠（郑）……

《系年》第23章主要记载战国初期楚国与三晋之间的争夺战。其中，第126—132号简均与郑国历史密切相关。通过简文可得知，战国初期的郑国尚有一定实力，甚至可以趁楚国不备获得战争的胜利。但是，郑国的积极态度很快被楚国压灭，虽然楚国碍于三晋的威胁又试图恢复郑国的实力以为缓冲，郑国内部却爆发了内乱，最终被觊觎已久的韩国所灭，是战国早期第一批被消灭的大国。

二、《良臣》（附《晋文公入于晋》）

清华简《良臣》是一篇记述"名臣"的文献，其中便涉及郑定公之相、子产之师、子产之辅等郑国历史人物。有趣的是，郑定公之相有子产，而子产还有师与辅，这是值得注意的现象。综合各家考释意见，兹引释文如下：

简08：……奠（郑）輨（桓）公与周之遗老：史全（伯）③、宦中（仲）④、虔（虢）吊（叔）⑤、

---

①蔑或作鄤，整理者认为是郑地，董珊进一步证明其当为邻地。详见董珊：《从出土文献谈曾分为三》，复旦网，2011年12月26日。

②太宰愯，即传世文献中的太宰欣，过去的学者误以为太宰欣即子阳，马卫东先生已有详辨，见马卫东：《清华简〈系年〉与郑子阳之难新探》，《古代文明》2014年第2期。

③史全，即《国语·郑语》所载史伯，是为郑桓公设计东迁路线的主谋，因郑桓公及其诸辅臣均为西周晚期、两周之际人，因此称"周之遗老"。

④宦仲，不见于文献。（清华大学出土文献研究与保护中心编，李学勤主编：《清华大学藏战国竹简（叁）》，上海：中西书局，2012年，第161页）周飞认为宦仲即传世文献和西周金文中的南仲，是西周周宣王时期人。详见周飞：《清华简〈良臣〉篇札记》，清华网，2013年1月8日。

⑤整理者认为此"虢叔"为桓公所灭"虢、邻"之虢叔，程浩指出当为桓公所灭"虢、邻"之虢叔。详见程浩：

简09：土（杜）白（伯）①，昚（后）出邦。奠（郑）定公之相又（有）子敽（皮），又（有）子产，又（有）子大吊（叔）。②子产之帀（师）：王子

简10：白（伯）忎（愿）、肥中（仲）、土（杜）甬（逝）、斳斤。③子产之辅：子羽、子剌、萷（蔑）明、卑登、酉（富）之厗（厚）、王子全（百）。④

清华简《晋文公入于晋》主要记载了晋文公流亡归国后，进行一系列内政改革与军事改革，壮大势力击败强楚而称霸的过程。其中有一段简文与郑国相关，于此补列于下：

简08：败楚帀（师）于城仆（濮），昼（建）壍（卫），成宋，回（围）䚔（许），反奠（郑）之厣（陴）……⑤

该简是整篇简文的最后一支简，记载晋文公城濮之战战胜后的一系列对外举措包括建卫、成宋、围许以及"反郑之陴"。

---

①杜伯，《国语·周语上》载"杜伯射王于鄗"，简文杜伯或与此杜伯有关。
②郑定公时期的子皮、子产、子大叔均为史籍所载之历史人物。子产，春秋晚期郑国著名的改革家，名公孙侨，为"七穆"的国氏。他执政期间积极改革政治，团结"七穆"，其事迹多见于各类史籍。子皮，即罕虎，是郑国"七穆"之一。其父公孙舍死后，继任郑国上卿。子皮是子产改革的重要支持者。子大叔，即游吉，亦为"七穆"，游吉擅长外交，是子产执政的得力支持者。子皮、子大叔一起支持子产改革，促进了郑国的快速发展。
③整理者认为子产之师的四个历史人物传世文献没有记载，仅有王子氏当与王子伯相关。详见清华大学出土文献研究与保护中心编，李学勤主编：《清华大学藏战国竹简（叁）》，上海：中西书局，2012年，第162页。郭丽认为子产之师，是子产的老师。详见郭丽：《清华简〈良臣〉文本结构与思路考略》，《山东理工大学学报（社会科学版）》2015年第4期。这一观点很正确，由此可知此四位历史人物略早于子产执政。此外还有一些学者对他们的身份进行了探究，但臆测成分较大，不再赘言。
④子产之辅的六个历史人物中，子羽即行人子羽，蔑明即然明，卑登即裨谌，富之厚即劝谏于子产的富子，这些都是文献所见的；而子剌、王子百则待考。罗小华推断子剌即公孙虿，可备一说。详见罗小华：《试论清华简〈良臣〉中的"子剌"》，《出土文献》第六辑，上海：中西书局，2015年，第198—199页。另，程浩将清华简《良臣》中子产之辅与清华简《子产》中之人物进行关联，其思路甚确，详见程浩：《由清华简〈良臣〉论初代曾侯"南宫天"》，《管子学刊》，2016年第1期。
⑤关于"反郑之陴"，《史记》据《国语·晋语》"伐郑，反其陴"认为此事即为晋、秦围郑之事，简文整理者依据《韩非子·外储说右上》所载"南围郑，反之陴"为"八有功"之一，认为此事并非晋、秦围郑之事，而是晋文公与楚对抗中对郑国的一次打击。清华大学出土文献研究与保护中心编，李学勤主编：《清华大学藏战国竹简（柒）》，上海：中西书局，2017年，第103页。

三、《郑武夫人规孺子》

清华简《郑武夫人规孺子》，内容涉及郑武公去世后，郑武公夫人，即武姜对将要即位的郑庄公的政治规劝。据《左传》等传世文献记载，武姜、庄公母子关系并不融洽，而简文则体现出与传世文献截然不同的武姜形象，这是值得注意的现象。于此，先综合各家考释意见，兹引相关释文如下：

简01：奠（郑）武公采（卒），既巍（殡）①，武夫人設（规）乳＝（孺子），②曰："昔虐（吾）先君，女（如）邦牺（将）又（有）大事，北（必）再三进夫＝（大夫）而与之虐（偕）

简02：恩（图）。既旻（得）恩（图）乃为之，毁恩（图）③，所叚（贤）者女（焉）繡（申）之以龟箒（筮），古（故）君与夫＝（大夫）蠱（晏）女（焉），不相旻（得）晉（恶）。④区＝（区区）奠（郑）邦

简03：鼪（望）虐（吾）君，亡（无）不盈（盈）亓（其）志于虐（吾）君之君吕（己）也。⑤史（使）人姚（遥）䎶（闻）于邦＝（邦，邦）亦无大繇賻（赋）于万民。虐（吾）君函（陷）

简04：于大难之中，尸（处）于奲（卫）三年，不见亓（其）邦，亦不见亓（其）室。⑥女（如）母（毋）又（有）良臣，三年无君，邦豢（家）䖂（乱）巳（也）。

---

①殡，指郑武公去世后，在正式下葬前，将棺材短暂地放在土中，是古代葬礼的一个环节。详见郝花萍：《〈清华大学藏战国竹简（陆）〉郑国三篇集释》，西南大学硕士学位论文，2017年，第13—14页。

②参考赵平安：《释战国文字中的"乳"字》，《中国文字学报》，2012年第1期。

③对此断句，学界有所争议，整理者认为"毁"随上文之。其他学者认为"毁图"相连接，与得图相对，此说确切。详见郝花萍：《〈清华大学藏战国竹简（陆）〉郑国三篇集释》，西南大学硕士学位论文，2017年，第17—18页。

④蠱，整理者释读为"晏"，意为安。如此与后文"不相得恶"对应，可从整理者观点。

⑤王挺斌认为，"盈其志"，即逞其志，"君己"，即君纪，可从其观点。

⑥郑武公陷于大难，居卫三年之事不见于史籍记载，学界多有推测，详见后文论述。据简文，武姜认为由于郑武公与大夫们君臣一心，所以即便郑武公不在国内，大夫们也能把国内治理得很好。

简 05：自衞（卫）与奠（郑）若卑耳而昏（谋）。①今是臣＝（臣臣），亓（其）可（何）不宝（保）？虐（吾）先君之裳（常）心，亓（其）可（何）不述（遂）？②今虐（吾）君既〈即〉菜（世），乳＝（孺子）

简 06：女（汝）母（毋）智（知）邦正（政），誖（属）之夫＝（大夫），老妇亦牺（将）丩（纠）攸（修）宫中之正（政），门槛之外母（毋）敢又（有）智（知）女（焉）。老妇亦不敢

简 07：以旌（兄）弟昏（婚）因（姻）之言以𥷚（乱）夫＝（大夫）之正（政）。③乳＝（孺子）亦母（毋）以埶（贽）豎（竖）卑御，勤力妜（价）馽（驭），婠（媚）妒之臣躬（躬）共（恭）亓（其）麀（颜）色，

简 08：盥（掩）于亓（其）考（巧）语，以𥷚（乱）夫＝（大夫）之正（政）。④"乳＝（孺子）女（汝）共（恭）夫＝（大夫），虐（且）以教女（焉）。⑤女（如）及三戠（岁），幸果善之，乳＝（孺子）亓（其）童（重）旻（得）良⑥

---

①卑，为近意。此句仍是武公虽然三年处卫，但其从卫国传回的命令就如同在耳边下达命令一样，会被大夫们遵从。

②此句于臣后有重文符号，应读为"今是臣臣"，意思是有这样的贤臣作为臣子等等。详见郝花萍：《〈清华大学藏战国竹简（陆）〉郑国三篇集释》，西南大学硕士学位论文，2017年，第26页。

③此句文意为：武姜对庄公说："如今先君刚刚过世，你还是个孩子不太懂政事，要将政事嘱咐给大夫们，我也会管理好后宫，不问外朝事务，更不会以兄弟婚姻等外戚力量干涉大夫们的执政。"从《左传》等传世文献可知，武姜更青睐于小儿子共叔段，而对长子庄公不满。关于简文所载武姜令庄公嘱政于大夫之事，亦有学者认为是"郑伯克段于鄢"的前奏，但相关问题仍可以讨论。

④"贽竖""卑御""勤力""价驭""媚妒"为并列关系，详见清华大学出土文献读书会马楠观点。此五类人均是君主身边的侍卫、驾驭、奴仆劳役、诒媚之近臣，这些人常在君主身边，容易干政。

⑤教，整理者引《礼记·学记》："善教者使人继其志。"陆德明释文："教，一本作学。"在古代教、学一体，此教可以理解为效法与学习。

⑥重，训为多，可从整理者观点。学界对《郑武夫人规孺子》简文的联编有所争议，贾连翔的解读与编连最有信服力。详见贾连翔：《清华简〈郑武夫人规孺子〉篇的再编连与复原》，《文献》2018年第3期。依据贾说，将9号简放置于13号简与14号简之间，简号依据原文不变。

简 10：臣、三（四）鄽（邻）以虞（吾）先君为能叙①。"女（如）弗果善，欨虞（吾）先君而孤乳＝（孺子），兀（其）辠（罪）亦跂（足）娄（数）也。②邦人既聿（尽）颥（闻）之，乳＝（孺子）

简 11：或延（诞）告，虞（吾）先君女（如）忍乳＝（孺子）志＝（之志），亦猷（犹）跂（足）。虞（吾）先君兆（必）牂（将）相乳＝（孺子），以定奠（郑）邦之社褅（稷）。"③乳＝（孺子）拜，乃虞（皆）临。④自是

简 12：昌（期）以至帵（葬）日，乳＝（孺子）母（毋）敢又（有）智（知）女（焉），詯（属）之夫＝（大夫）及百执事，人虞（皆）思（惧），各共（恭）兀（其）事。⑤羇（边）父設（规）夫＝（大夫）曰："君共（拱）而

简 13：不言，加銈（重）于夫＝（大夫），女（汝）斦（慎）銈（重）君甆（葬）而旧（久）之于上三月。"⑥少（小）羕（祥），夫＝（大夫）聚旾（谋），⑦乃史（使）羇（边）父于君曰："二三老

简 09：臣，叟（使）戗（御）寇（寇）也，專（布）愚（图）于君。⑧昔

---

①叙，《周礼·司书》："以叙其财。"郑注："犹比次也。"王宁认为"叙"意为次序，"能叙"即能合理排定官员的次序，谓善于安排群臣。详见王宁：《清华简六〈郑武夫人规孺子〉宽式文本校读》，复旦网，2016 年 5 月 1 日。

②欨，整理者据《广雅·释诂一》"病也"，认为欨意为难。王宁认为"足""数"都是责备意，可从其观点。全句意思即为如及三年，诸臣不能善政，则责以为难先君之罪。

③此句王宁的解读较优，该句可理解为："国人都知道你把国政都交给大夫们管理，你又把这事郑重地告知了吾先君的在天之灵，如果他们念及你的意愿，也就等于是满足了吾先君的意愿，必定会辅助你，以安定郑国的社稷。"详见王宁《清华简六〈郑武夫人规孺子〉宽式文本校读》，复旦网，2016 年 5 月 1 日。

④临，整理者认为是哭吊，可从整理者观点。

⑤王宁解读是期，即郑武公既葬之期。葬日，殡葬之日，二者距三月。可从其观点。

⑥边父，郑国大夫，史籍未有明载，学界对其身份有所猜测，详见后文。拱而不言，即古语拱默，意为严肃而不语。

⑦小祥，祭祀名，去世满一年。于此可知郑庄公听从了武姜的建议，拱而不言，将各种朝政嘱托于大夫。这显然已经超过了礼制所规定的期限了。详见李守奎《清华简〈系年〉与古史新探》，上海：中西书局，2016 年，第 183 页。

⑧此句子居解释得较恰当，他认为御寇，即边父的名字，使御寇也，即派我御寇（前来），布图于君就是把我们商量的告诉君主。子居：《清华简〈郑武夫人规孺子〉解析》，中国先秦史网，2016 年 6 月 7 日。

虐（吾）先君叀（使）二三臣，归（抑）杲（早）莙（前）句（后）之以言，思群臣曼（得）执女（焉），①□

简14：母（毋）交于死。②今君定，舁（拱）而不言，二三臣叓（事）于邦，远=女=（惶惶焉，焉）宵（削）昔（错）器于巽（选）贊（藏）之中，母（毋）乍（措）手止，訇（殆）于

简15：……为敗（败），③者（姑）盇（宁）君，是又（有）臣而为埶（墊）辟（嬖），④几（岂）既臣之朕（获）辠（罪），或（又）辱虐（吾）先君，曰是亓（其）伒（荩）臣也?⑤君畬（答）鼻（边）

简16：父曰："二三夫=（大夫）不尚（当）母（毋）然，二三夫=（大夫）虗（皆）虐（吾）先君=斋=（之所）付（守）孙也。虐（吾）先君智（知）二三子之不忘=（二心），甬（用）厤（历）受（授）之

简17：邦。不是肰（然），或（又）再（称）己（起）虐（吾）先君于大难之中？今二三夫=（大夫）畜孤而乍（作）女（焉），几（岂）孤亓（其）跃（足）为免（勉），归（抑）亡（无）女（如）

简18：虐（吾）先君之惡（忧）可（何）?"⑥

①王宁认为，此句意为："过去吾先君使用诸位大臣，是提前把他们叫到前后用语言告诫他们。"思，通"斯"，训而，可从整理者观点。（清华大学出土文献研究与保护中心编，李学勤主编：《清华大学藏战国竹简（陆）》，上海：中西书局，2016年，第107—108页）
②子居解释为且，可从其观点。且毋交于死，且使得群臣避免遭遇死亡。子居：《清华简〈郑武夫人规孺子〉解析》，中国先秦史网，2016年6月7日。
③此句较难理解，这里边父做了一个比喻，意思是庄公拱而不言，群臣很茫然，好比夜晚在众多器物中放置其他器物，因昏暗看不清，故手足无措，导致失败。"焉"后的重文符号疑似误加。
④子居认为此句意为：郑庄公对待这些旧臣像对待墊嬖一样，不发布政令并交给他们执行。子居：《清华简〈郑武夫人规孺子〉解析》，中国先秦史网，2016年6月7日。
⑤马楠认为"荩臣"是指先君遗老。
⑥释读可从整理者观点，大意为：诸大夫能遵顺孺子的意志行事，足以勉励孺子自己，但仍不能使已故的先君无忧。这是谦辞。

四、《郑文公问太伯》

清华简《郑文公问太伯》分甲、乙两个抄本，原无题，今题目为整理者所拟定。该简文记载了郑文公与太伯的一段对话，对话内容为太伯临终前对郑文公的政治劝谏，涉及自桓公建国以来的诸多史事，极具史料价值。于此，先综合各家考释意见，综合两个抄本，引相关释文如下：

简01：子人成子①既死，太白（伯）豈（当）邑。②太白（伯）又（有）疾，吝（文）公遉（往）畐（问）之。君若曰："白（伯）父，不孝（榖）學（幼）弱，忞（闵）甍（丧）

简02：虡（吾）君，卑（譬）若鸡鼦（雏），白（伯）父是（实）被复（覆），不孝（榖）以能与遷（就）宋（次）。③今天为不惠，或爱（援）肰（然），与不孝（榖）争白（伯）父，

简03：所天不豫（舍）白＝父＝（伯父，伯父）而□□□□□□□□□

---

①子人成子，子人为氏，成为谥。《春秋·桓公十四年》（郑厉公三年）："夏五，郑伯使其弟语来盟。"《左传》："夏，郑子人来寻盟，且修曹之会。"其人为郑厉公母弟，名语，字子人，系子人氏之祖。子人语为郑文公叔父，疑即简文之"子人成子"。鲁僖公七年（郑文公二十年），郑太子华称"泄氏、孔氏、子人氏三族"；鲁僖公二十八年（郑文公四十一年）有"子人九"。整理者的意见是郑文公的叔父语，字子人，可从整理者观点。（清华大学出土文献研究与保护中心编，李学勤主编：《清华大学藏战国竹简（陆）》，上海：中西书局，2016年，第120页。）郑庄公除了四公子之外，还有子八人，其中一人名语，字子人。（《左传·桓公十四年》，杨伯峻：《春秋左传注》，北京：中华书局，2016年，第151页。）成子，当是语的谥号。语之后人以子人为氏，活跃在郑国历史舞台。

②太伯，史籍无明确记载，是《郑文公问太伯》的主角，从其与文公的对话可知，其在郑国历史上应有重要的地位，然而没有史籍明确记载，遂引起学界的很大争议。目前，学界大致有四种说法：其一，李学勤认为太伯为子人成子之长子，（李学勤：《有关春秋史事的清华简五种综述》，《文物》，2016年第3期）且称为"长子"说。其二，王宁认为太伯，可读为泄伯，即泄驾，（王宁：《清华简六〈郑文公问太伯〉之"太伯"为"泄伯"说》，武汉网，2016年5月8日）且称为"泄驾"说。其三，子居认为太伯即是公子元，（子居：《清华简〈系年〉1—4章分析》，孔子2000网，2012年1月6日）且称为"公子元"说。其四，程浩认为太伯便是堵氏第三代族长，（程浩：《清华简新见郑国人物考略》，《文献》，2020年第1期）且称为"堵氏"说。相较而言，"堵氏"说更为合理。当邑，即当国秉政之意。

③就次，学界有争议，可从整理者观点，即简文"就次"指继嗣君位为确。

□□孝（穀）。"①太白（伯）曰："君，老臣□□□□

简04：母（毋）言而不叠（当）。故（古）之人又（有）言曰：'为臣而不谏，卑（譬）若饙而不酞（醢）。'②昔虗（吾）先君逗（桓）公逡（后）出

简05：自周，③以车七篭（乘），徒卅＝（三十）人，故（鼓）亓（其）腹心，畬（奋）亓（其）肪（股）拢（肱），以頨（协）于攸（庸）呱（偶），④籏（摄）罩（胄）糵（擐）辅（甲），充（攫）戈盾以娱（造）

简06：勋。戵（战）于鱼罗（丽），⑤虗（吾）[乃]騰（获）酀（函）、邺（訾），⑥鞥（覆）车閟（袭）淼（介），克鄌鳶＝（迢迢），女（如）容衽（社）之尻（处），亦虗（吾）先君之力也。⑦枽（世）

---

①"或"当读"又"，"又爱然"与"与不谷争伯父"当连读，"爱然"作其状语。石小力《清华简第六辑中的讹字研究》梳理了《清华简（陆）》，（《出土文献》，2016年第2期）王宁赞同其说，并补充，"爱"疑读为"咺"，"爱（咺）然"与"赫然"意思类同，这里盖用为盛气凌人之貌。详见王宁：《清华简六〈郑文公问太伯〉（甲本）释文校读》，复旦网，2016年5月30日。其后多残简，但大意不外是郑文公问政的寒暄之词。

②石小力认为鼗当为馈的异体字，可从其观点（石小力：《清华简第六辑中的讹字研究》梳理了《清华简（陆）》，《出土文献》，2016年第2期）。"馈而不二"是说所进献的食物只有一种，味道单一。说得更直白一点就是：臣下当进谏不同的意见，君王才能听到不同的声音。犹如进献的食物要多种，君王才能吃到不同的味道。(苏建洲：《清华六·郑文公问大伯〉"馈而不二"补说》，武汉网，2016年4月26日)

③郑桓公后出于周，亦见于前文《良臣》。程浩认为"后出"与"初封"对应，指郑国东迁之事。可备一说。程浩：《由清华简〈良臣〉论初代曾侯"南宫天"》，《管子学刊》，2016年第1期。

④頨、攸两字古文字学界分歧较大，具体可参郝花萍：《〈清华大学藏战国竹简（陆）〉郑国三篇集释》，西南大学硕士学位论文，2017年。这里姑遵从整理者意见，释頨为协，攸为庸。

⑤鱼丽，《左传·桓公五年》有"鱼丽之陈"，是郑庄公与周桓王繻葛之战时所用的兵阵。简文战于鱼丽，显然指地名，而不是军阵。王宁认为"此战获胜而得二邑，对郑人开拓东方疆土具有里程碑式的意义，故郑人将这种阵法称为'鱼丽之阵'，即是指鱼丽之战所用之阵法，亦有纪念先君功烈之意，由此而言，其阵法如何当与'鱼丽（罗）'的字面含义无关。"此说可以参考，详见王宁：《清华简六〈郑文公问太伯〉（甲本）释文校读》，复旦网，2016年5月30日。

⑥整理者认为酀释读为函，位于今河南新郑，邺为訾，位于今河南巩义市。

⑦覆车袭介，徐在国认为可理解成"遮蔽战车轻装进攻介"（详见徐在国：《清华六〈郑文公问太伯〉札记一则》，武汉网，2016年4月17日）。克鄌，是郑国东迁过程中一个标志性事件。西周末年史伯为郑桓公策划"寄孥虢、鄌"，史籍关于灭鄌者为郑桓公还是郑武公一直有争议，简文明确提及是郑桓公克鄌，极具价值，详见后文阐述。社，即国社。容社之处，即指郑桓公通过灭鄌，完成了史伯的规划，让郑国成功东迁，有了立足之地。

简 07：及虔（吾）先君武公，西齘（城）洢（伊）閒（涧），北邉（就）郐（邬）、酅（刘），蔡厄（轵）邘（芴）、竿（邘）之国，鲁、壃（卫）、鄝（蓼）、鄱（蔡）垄（来）见。①枽（世）及虔（吾）先

简 08：君臧（庄）公，乃东伐齐蘁之戎为敨（彻），②北齘（城）邷（温）、原，③徢（遗）鈝（阴）、櫜（鄂）宋（次），东启遗（隤）、乐，虔（吾）达（逐）王于鄩（葛）。④

简 09：枽（世）及虔（吾）先君邵（昭）⑤公、刺（厉）公，殴（抑）天也，亓（其）殴（抑）人也，为是牢斸（鼠）不能同穴，朝夕戗（斗）瞂（阋），亦不㣠（逸）斩

简 10：伐。⑥今及虔（吾）君，弱嬖（幼）而䇞（滋）长，不能莫（慕）虔（吾）先君之武敨（彻）臧（庄）祍（功），⑦色〈孚〉泾〈淫〉条（媱）于庚（康），䑠（获）皮（彼）䉷（荆）俑（宠），

简 11：敨（为）大亓（其）宫，君而赽（狃）之，不善弌（哉）。⑧君女

---

①郑武公时期在郑桓公的基础上又扩大了郑国的领土。"西城伊涧"，即在西边的伊水、涧水处筑城。"北就邬、刘，蔡轵芴、邘之国"，邬、刘、芴、邘四地，即《左传·隐公十一年》所载周桓王用苏忿生之田所换郑国之地，可见四地皆近于成周。可参程浩：《从"逃死"到"扞艰"：新史料所见两周之际的郑国》，《历史教学问题》，2018 年第 4 期。

②《左传·桓公六年》记载："北戎伐齐，齐侯使乞师于郑。郑大子忽帅师救齐。六月，大败戎师，获其二帅大良、少良，甲首三百，以献于齐。"简文所载即为此事。

③温、原为周桓王所与郑人苏忿生之田，分别在今河南温县、济源市北。可从整理者观点。

④"遗阴、鄂次"，就是指郑桓公失去了王朝卿大夫的职位，将晋国"曲沃代翼"之事托付他人。"东启隤、乐"，"隤"也为"苏忿生之田"的一个城邑，即隤地；乐地不详，该句所指大概还是周桓王换地之事。"吾逐王于葛"，即缮葛之战。

⑤原简未加，"（昭）"为编者加。

⑥该段追忆郑国四公子之乱，只提到昭公、厉公，未提及子亹、子仪二君，郑国衰落从此开始。

⑦郝花萍认为：郑国疆域的真正拓展是在武公和庄公时期，这两个时期扩充的地盘在简文中都已指明。既然简文指车辙，所谓"武辙"，意指勇猛征战的足迹。"庄"当指肃穆，"功"指功业，谓在内政中确立起来的庄严功业说"先君之……"，则"武"不当指武公，"庄"不当指庄公，否则文字重复。"武"当指勇猛，"敨"可读为"辙"，当。（详见郝花萍：《清华大学藏战国竹简（陆）》郑国三篇集释》，西南大学硕士学位论文，2017 年，第 79 页。）

⑧此句是太伯对郑文公的批评。孚淫媱于康，主要指郑文公宠信"荆宠"。《左传·僖公二十二年》："丙子晨，郑文夫人芈氏、姜氏劳楚子于柯泽。""丁丑，楚子入飨于郑，九献，庭实旅百，加笾豆六品。飨毕，夜出，文芈送于军。"芈氏即楚女。

（如）由皮（彼）孔 （叔）、 （佚）之 （夷）、帀（师）之佢鹿、 （堵）
之俞瑞（弥），是四人

简12：者，方谏虐（吾）君于外，兹赠（詹）父内谪于中，君女（如）
是之不能茅（懋），则卑（譬）若疾之亡瘟（医）。①君之亡（无）畾（问）也，

简13：则亦亡（无）畾（闻）也。君之亡（无）出也，则亦亡（无）内
（入）也。戒之戈（哉），君。虐（吾）若畾（闻）夫殹（殷）邦，庚（汤）为
语而受亦

简14：为语。"②

五、《子产》

清华简《子产》一篇，记述了子产的道德修养和施政成绩，论说子产执政
时期的各项主张。子产是中国思想史上十分重要的人物，他与管仲在春秋时期
开变法改革之先，该简文对于了解郑国文化名人子产的思想主张具有重要意
义。于此，先综合各家考释意见，兹引相关释文如下：

简01：昔之圣君，取虞（处）于身，③勉以利民=（民，民）用誩（信）

---

① 太伯在批评郑文公后，举荐孔叔、佚之夷、师之佢鹿、堵之俞弥于内政，詹父于外政，
并说如果此五人的谏言还不能让你改正，就像生病而不可医救了。太伯所举五人史籍均有
记载。佚之夷，整理者提出一个线索，即在《左传》名篇《烛之武退秦师》中举荐烛之武
的佚之狐。（清华大学出土文献研究与保护中心编，李学勤主编：《清华大学藏战国竹简
(陆)》，上海：中西书局，2016年，第124页。）也有学者提出此时已经是郑文公晚年了，
(《烛之武退秦师》发生在《左传·僖公三十年》，此时已经是文公四十三年了）而太伯举荐
佚之夷在郑文公早期，两人并非一人。（马楠：《清华简〈郑文公问太伯〉与郑国早期史
事》，《文物》，2016年3期。）于此难以确说。师之佢鹿、堵之俞弥、詹父，即《左传·僖
公七年》管仲所称"郑有叔詹、堵叔、师叔三良为政"中的三良。（杨伯峻：《春秋左传
注》，北京：中华书局，2016年，第348页。）师之佢鹿，即师叔，鲜见于文献。詹父，即
叔詹，前文已有详论。堵之俞弥，即堵叔、堵俞弥或堵寇，曾多次与郑公子士族泄驾讨伐
滑国。《左传·僖公二十年》载："滑人叛郑，而服于卫。夏，郑公子士、泄堵寇帅师入
滑。"（杨伯峻：《春秋左传注》，北京：中华书局，2016年，第423页。）
② 太伯最后以商王朝的历史为语境，劝勉文公要像商汤一样听从劝谏，不要像纣王一样不
听劝谏。
③ 整理者释读为"处"，王宁释读为"仪"，训为"法""象"，赵平安读为"献"。详见王
宁：《清华简六〈子产〉释文校读》，复旦网，2016年7月4日。赵平安：《清华简第六辑
文字补释六则)》，《出土文献》，2016年第2期。王宁说法更通顺，姑采用之。

之；不=諍=（不信不信）。①求諍（信）又（有）事，灣（浅）以諍（信）深=（深，深）以諍（信）灣（浅）。②能

简02：諍（信），卡=（上下）乃周。③不良君古（怙）立（位）劫（固）寠（福），④不思（惧）達（失）民。思（惧）達（失）又=戒=（有戒，有戒）所以緒（申）命固立=（位，位）固邦=

简03：安=（邦安，邦安）民蘸（肆），邦危民丽（离），此胃（谓）才（存）亡才（在）君。⑤子产所旨（嗜）欲不可智（知），内君子亡支（鞭→辨）。⑥官政⑦

简04：眾（怀）币（师）栗豐（当）事⑧乃进，亡好，曰：“固身董=諍=（谨信。”谨信）又（有）事，所以自狘（胜）申（中），此胃（谓）亡（无）好

---

①整理者意云自身不信者，民即不信。清华大学出土文献研究与保护中心编，李学勤主编：《清华大学藏战国竹简（陆）》，上海：中西书局，2016年，第139页。

②深浅，指水的深浅程度。引申指事物的轻重、大小、多少等。详见朱忠恒：《〈清华大学藏战国竹简（陆）〉集释》，武汉大学硕士学位论文，2018年，第143页。

③“上下乃周”意云君民亲密。清华大学出土文献研究与保护中心编，李学勤主编：《清华大学藏战国竹简（陆）》，上海：中西书局，2016年，第139页。

④单育辰：劫，应读为“怙”。而“古位”的“古”则读为“固”，应是坚守、固执的意思。详见单育辰：《清华六〈子产〉释文商榷》，《出土文献》第十一辑，中西书局，2017年，第211页。整理者的解读似更易理解，即“云仗恃权位，安于福享”。清华大学出土文献研究与保护中心编，李学勤主编：《清华大学藏战国竹简（陆）》，上海：中西书局，2016年，第139页。可从整理者观点。

⑤“蘸”可以直接读为“肆”。谓邦安时民放恣，邦危时民离散。马楠：《清华六整理报告补正》，清华网，2016年4月16日。

⑥“支”，此即“鞭”字，读“辨”，分别义。此二句意思是说子产的喜好不能知道，收纳君子无所分别。王宁：《清华简六〈子产〉释文校读》，复旦网，2016年7月4日。可从其观点。

⑦郝花萍：“政”通“正”，治理。郝花萍：《〈清华大学藏战国竹简（陆）〉郑国三篇集释》，西南大学硕士学位论文，2017年，第93页；整理者释读为官政，疑指任用官吏之事。后者解释更合适。

⑧王宁：“师”本为军队，此指军事。“栗”即“慄”，谨慎小心义。王宁：《清华简六〈子产〉释文校读》，复旦网，2016年7月4日。

简05：恶。①芴（勉）政、利政、固政又（有）事。②整政才（在）身，閔（文）腥（理）、型（形）膿（体）、惴（端）芴（冕），共（恭）憎（憸→俭）整齐，弇见（现）又（有）

简06：釆＝（秩。秩）所以处（从）即（节）行＝豊＝（行礼，行礼）後（践）政又（有）事，③出言遑（覆），所以智（知）自又（有）自丧也。又（有）道乐才（存），亡

简07：道乐亡，此胃（谓）劼（嘉）敕（理）。④子产不大宅或（域），不篷（建）峑（台）寝，不敕（饰）耑（美）车马衣裳，曰："勿以

简08：骈巳（也）。"⑤宅大心张，耑（美）外黻（态→怠）端（蛉→矜），乃自逢（失）。⑥孨＝（君子）智（知）思（惧）乃惪＝（忧，忧）乃少惪（忧）。敉（损）难又（有）事，多难愿（近）

简09：亡。此胃（谓）窐（卑）毈（逸）乐。⑦君人立（莅）民又（有）

①固，安义。竞读"胜"，乘义。清华大学出土文献研究与保护中心编，李学勤主编：《清华大学藏战国竹简（陆）》，上海：中西书局，2016年，第139—140页。中，标准、榜样义。王宁：《清华简六〈子产〉释文校读》，复旦网，2016年7月4日。

②古书常有"完利""完固"，因此完政、利政、固政，语义相近，均是政治稳固的含义。

③整，齐也。腥，读为"理"，文理指礼文仪节。憎，读"俭"。弇今作"掩"，与"见（现）"相对。釆，读为"秩"，质部字。"弇现有秩"，疑指服饰而言。清华大学出土文献研究与保护中心编，李学勤主编：《清华大学藏战国竹简（陆）》，上海：中西书局，2016年，第140页。

④王宁认为："复"为践行、兑现义。"有"为"存"义，"丧"为"亡"义。"有"即"自有"之"有"，"有道"即存道，生存之道。"亡"相当于"自丧"之"丧"，"亡道"谓覆亡之道。"乐"本喜乐义，此引申为易于、容易之意。"劼"为"固"义，"劼理"即"固理"。其说大致可通顺，姑从之。详见王宁：《清华简六〈子产〉释文校读》，复旦网，2016年7月4日。

⑤整理者认为："骈，读"屏"，指受物欲所蔽。或从弜，读"费"，"弜"与"弗"通，耗费义。（清华大学出土文献研究与保护中心编，李学勤主编：《清华大学藏战国竹简（陆）》，上海：中西书局，2016年，第140页）；单育辰认为：简9与简23的"骈"应是一字，似应该读为"病"，"病"并纽阳部，指勿以外物美大而为病。简23指用来援助疲病的人。单育辰：《清华六〈子产〉释文商榷》，《出土文献》（第十一辑），上海：中西书局，2017年，第212页。单说可备一论。

⑥美外怠矜，可从单育辰、石小力观点。详见单育辰：《清华六〈子产〉释文商榷》，《出土文献》（第十一辑），上海：中西书局，2017年，第213页；石小力：《清华六整理报告补正》，清华网，2016年4月16日。

⑦损，减也。卑，贱也。清华大学出土文献研究与保护中心编，李学勤主编：《清华大学藏战国竹简（陆）》，上海：中西书局，2016年，第140页。

道，青（情）以芀（勉），旻（得）立（位）命固。臣人畏君又（有）道，智（知）畏亡（无）皋（罪）。①

简10：臣人非所能不进。君人亡事，民事是事。旻（得）民天央（殃）不至，外载（仇）否。以厶（私）事＝（事使）民，

简11：事起货＝行＝皋＝起＝民＝薾＝（祸行，祸行罪起，罪起民矝，民矝）上危。吕（己）之皋（罪）也，反以皋（罪）人，此胃（谓）不事（使）不戾。②又（有）道

简12：之君，能攸（修）亓（其）邦或（国），以和＝民＝（和民。和民）又（有）道，才（在）大能政，才（在）小能枳（支）；③才（在）大可旧（久），才（在）少（小）可大。

简13：又（有）以含（答）天，能同（通）于神，又以坴（徕）民，又（有）以导（得）臤（贤），又（有）以御割（害）戕（伤），先圣君所以徫（达）

简14：成邦或（国）也。此胃（谓）因啬（前）徭（遂）者（胡→故）。④啬（前）者之能没（役）相亓（其）邦豪（家），以成名于天下者，身

①以，训为而。清华大学出土文献研究与保护中心编，李学勤主编：《清华大学藏战国竹简（陆）》，上海：中西书局，2016年，第140页。"完"坚固义，"完""固"义通相应，均"坚"义。详见王宁：《释清华简六〈子产〉中的"完"字》，武汉网，2016年6月14日。

②王宁："薾"当读零落、凋零之"零"。详见王宁：《清华简六〈子产〉释文校读》，复旦网，2016年7月4日。戾，皋也。清华大学出土文献研究与保护中心编，李学勤主编：《清华大学藏战国竹简（陆）》，上海：中西书局，2016年，第141页。

③陈伟武："政"疑读为"整"。前文"整政""整齐"见于简5。详见陈伟武：《读清华简第六册小札》，《出土文献》（第十一辑），上海：中西书局，2017年，第208页。侯瑞华：整理者对"枳"字的释读似于文义不合，此字或当读作"规"。"枳"即"支"字异体。详见侯瑞华：《〈清华简六·子产〉补释（四则）》，武汉网，2018年5月15日。这句话的意思可以理解为，"和民"的政治状态下，大的政事可以整合，小的政事可以如树枝分展，与下文"在大可久，在小可大"相应。

④句意指继承前人即"先圣君"。清华大学出土文献研究与保护中心编，李学勤主编：《清华大学藏战国竹简（陆）》，上海：中西书局，2016年，第141页。

简 15：以虞（处）之。①用身之道，不以冥＝（冥冥）归（抑）福，②不以㑣（逸）求曩（得），不以利行直（德），不以虐（虐）出民力。子

简 16：产専（传）于六正，③与善为徒，以谷（愨）事不善，④母（毋）兹愇（违）柿（拂）亓（其）事。裘（劳）惠邦政，耑（端）徒（使）

简 17：于三（四）叟（邻）。絅（急）繲（兑→辨）缬（懈）思［慣→（缓）］，悟（更）则任之，⑤善则为人。勋勉救善，⑥以勤（助）上牧民＝（民。民）又（有）愆（过）遝（失），

简 18：嚣（敖）遝（佚）弗詯（诔），曰："句（苟）我固善，不我能亵（乱），我是宄（荒）訋（怠），民屯荩（怫→废）然。"⑦下能弋（式）上，⑧此胃（谓）

简 19：民諍（信）志之。古之恈（狂）君，窜（卑）不足先善君之憸（憸→俭），⑨以自余（馀）智，民亡可事，任硅（重）不果，

---

① "虞"读"仪"，效法。详见王宁：《清华简六〈子产〉释文校读》，复旦网，2016 年 7 月 4 日。

② "归"读"仰"可从其观点，亦"印""昂"字。此言不做暗昧之事以提高自己的福祉。详见王宁：《清华简六〈子产〉释文校读》，复旦网，2016 年 7 月 4 日。

③ 传于六正，即有六正辅之。清华简《良臣》记载子产之辅，恰有六人，下文亦有提及。

④ 谷（愨），当为"却"，退也、止也。原整理者读"悫"，义不可通。"事"当读"使"。"却使"犹言不使，谓不用。详见王宁：《清华简六〈子产〉释文校读》，复旦网，2016 年 7 月 4 日。

⑤ "絅繲"读为"急慢"，又作"急嫚"。繲、慢可以通用。急慢，指懈怠轻忽。石小力：《清华六整理报告补正》：清华网，2016 年 4 月 16 日。悟，读为同从丙声的"更"。清华大学出土文献研究与保护中心编，李学勤主编：《清华大学藏战国竹简（陆）》，上海：中西书局，2016 年，第 142 页。

⑥ 勋，疑为"勖"字之讹，勖、勉同义。清华大学出土文献研究与保护中心编，李学勤主编：《清华大学藏战国竹简（陆）》，上海：中西书局，2016 年，第 142 页。王宁："救"读"求"。王宁："善"盖指良善之贤人，如本书所言子产之四师、陆辅之类。详见王宁：《清华简六〈子产〉释文校读》，复旦网，2016 年 7 月 4 日。

⑦ 王宁："怫然"指暴怒之貌，"废然（释然）"指平静或平和之貌，在此指颓废委顿之貌。这两句是说：如果我在事务上荒废懈怠，民众都会颓废萎靡。详见王宁：《清华简六〈子产〉释文校读》，复旦网，2016 年 7 月 4 日。

⑧ 式，法也。"下能式上"即取法于上。清华大学出土文献研究与保护中心编，李学勤主编：《清华大学藏战国竹简（陆）》，上海：中西书局，2016 年，第 142 页。

⑨ 王宁："窜"，当读"俾"，即"俾使"之"使"，假如或如果义。王宁：整理报告读为"验"，按简 5 亦当读"憸"，自我约束之意，此为有德之表现。详见王宁：《清华简六〈子产〉释文校读》，复旦网，2016 年 7 月 4 日。孙合肥认为：足，重视。孙合肥：《清华简〈子产〉简 19—23 校读》，《淮南师范学院学报》，2017 第 1 期。

简20：邦以襄（坏）。①善君必㺄（察）昔苐（前）善王之𡪡（瀍→法）聿（律），叔（求）婡（嬬→苤）之敃（贤），可以自分，硅（重）任以果䣞（将）。②子

简21：产用㮌（尊）老先生之眕（俊），乃又（有）丧（桑）至（丘）中（仲）𤜼（文）、邛（杜）鷙（逝）、肥中（仲）、王子白（伯）忑（愿）；乃埶（设）六甫（辅）：子羽、子刺、

简22：覰（蔑）明、卑登、佲之支、王子百；③乃敫（窜）辛道、敆语，④虚言亡賨（实）；乃敫（窜）卷（管）单、相冒⑤、𫘩（韩）乐，

简23：敕（饰）㟧（美）宫室衣裘，好㐺（饮）䬻（食）酕（醢）酿，以爰（远）胼（屏）者。此胃（谓）由善㩻（散）卷（慇）。⑥子产既由善用圣，

简24：班羞（好）勿（物）眕（俊）之行，⑦乃聿（肆）参（三）邦之命（令），⑧以为奠（郑）命（令）、埜（野）命（令），道（导）之以孝（教）。乃

---

①马楠：指狂君"以自余智"，不能任用贤能，导致邦国崩坏。马楠：《清华六整理报告补正》，清华网，2016 年 4 月 16 日。

②苤，进也。此字本有忠诚之意。清华大学出土文献研究与保护中心编，李学勤主编：《清华大学藏战国竹简（陆）》，上海：中西书局，2016 年，第 142 页。朱忠恒认为：䣞，从酉，推测与酒有关。䣞，从整理者读为"将"。果将，谓助王酌酒以祭奠祖先或饮诸侯。朱忠恒：《清华大学藏战国竹简（陆）》集释，武汉大学硕士学位论文，2018 年，第 165 页。

③《子产》"老先生之俊"，即《良臣》"子产之师"，《子产》"六辅"，即《良臣》"子产之辅助"。除字形略有差异外，较大不同就是《子产》中"桑丘仲文"，《良臣》作"斳斤"，或为名与字的关系。

④王宁："辛"指辛辣，"道"指言语，"辛道"为辛辣之言、恶言义。"辛道"读为"讯（诣）謟"，即恶语往来相责骂。详见王宁：《清华简六〈子产〉释文校读》，复旦网，2016 年 7 月 4 日。

⑤单育辰："相冒"是相干犯、侵冒的意思。单育辰：《清华六〈子产〉释文商榷》，《出土文献》（第十一辑），中西书局，2017 年，第 217 页。

⑥王宁：当读为"称勒"，"称"是称举，此为炫耀、夸耀意。"勒"训"大"。"此谓由善靡卷"，"由善"指使用良善之人，"靡卷"则指消除凶恶之人的嚣张气势。王宁：《清华简六〈子产〉释文校读》，复旦网，2016 年 7 月 4 日。

⑦王宁：原整理者读"羞"为"好"，读"勿"为"物"。"羞"是进献义，这里是推荐的意思。"畯（俊）"指优秀的贤良者。"行"是行列义，指某一类人。王宁：《清华简六〈子产〉释文校读》，复旦网，2016 年 7 月 4 日。

⑧肆，习也。三邦，即夏商周三代。清华大学出土文献研究与保护中心编，李学勤主编：《清华大学藏战国竹简（陆）》，上海：中西书局，2016 年，第 143 页。

怺（迹）天埅（地）、逆川（顺）、弜（强）柔，

简25：以咸敫（全）御；聿（肆）参（三）邦之型（刑），以为奠（郑）型（刑）、埜（野）型（刑），行以尊（尊）命（令）裕义（仪），以臭（释）亡孝（教）不姑（辜）。[①]此胃（谓）

简26：张完（美）弃亚（恶）。为民型（刑）程，上下膍（维）咠（辑）。[②]埜（野）参（三）分，粟参（三）分，兵参（三）分，[③]是胃（谓）虘（处）固，以勸（助）

简27：政直（德）之固＝（固。固）以自守，不用民于兵虘（甲）战戜（斗），曰武炁（爱），以成政悳（德）之炁（爱）。虘（处）勋（温）和憙（憙），[④]可用

简28：而不勫（遇）大＝或＝（大国，大国）古（故）肎（肯）复（作）亓（其）悬（谋）。雔（惟）能智（知）亓（其）身，以能智＝亓＝所＝生＝（知其所生；知其所生），以先＝悬＝人＝（先谋人，先谋人），以違（复）于身＝（身,身）、室、

简29：邦或（国）、者（诸）侯、天埅（地），固用不悖，以能成卒。

综上所述，近年新公布的清华简简文中有诸多与郑国历史相关的内容。其中，既有关乎郑国历史事件的部分，也有郑国历史人物及其思想的相关材料，这对于深入研究郑国历史极具意义。通过将相关简文与《左传》《国语》和《史记》等传世文献比对，更可发掘其史料价值。

---

①“峻命”原整理者读为“尊令”，“裕义”原整理读为“裕仪”，王宁认为“峻命”为严厉法令，“裕义”为宽缓的礼法。王宁：《清华简六〈子产〉释文校读》，复旦网，2016年7月4日。

②“上下维辑”，即上下和睦团结。徐在国：《谈清华六〈子产〉中的三个字》，武汉网，2016年4月19日。

③野，郊野。三分，三分之一，例见三晋系金文。疑其刑书有野、粟、兵三部分。李学勤主编：《清华大学藏战国竹简（陆）》，上海：中西书局，2016年，第144页。

④“虘”原整理者读为“虘（处）”，王宁认为“虘”读“仪”，为效法或仿效义。“勋”即率先、带头。王宁：《清华简六〈子产〉释文校读》，复旦网，2016年7月4日。

第二节　清华简所见涉郑国简文的性质和史料价值

由于大多数先秦典籍或经过秦火，或本就口耳相传未形成于竹帛，因此学界有先秦典籍汉代成书的说法。实际上，先秦典籍所记载的内容与其文本成书年代普遍有距离。由于这样的特殊性，在进行先秦史研究之前，往往要先厘清史料的性质，即便出土的甲骨卜辞材料、金文材料以及简帛材料，也应如此。就本书而言，在梳理完简文内容之后，在依据这些史料进行相关历史研究之前，先对清华简所见涉郑国简文的性质和史料价值进行分析是必要的。

一、清华简所见涉郑国简文的性质

清华简所见涉郑国简文主要包括《系年》《良臣》《郑武夫人规孺子》《郑文公问太伯》和《子产》五篇，①这些简文的抄写年代在战国中晚期，但是各篇文献的性质多有不同。下文分别论述。

（一）《系年》的性质

清华简《系年》记载了西周晚期到战国早期的历史，全简138支，以楚文字书写，可分23篇。由于《系年》不仅可为古史新证提供新的史料，其本身的体例也是史学史上值得关注的重要对象，因此学术界对其性质展开了丰富的讨论。②学界普遍认可一种观点是，《系年》是一种早期的"纪事本末体"史书。③

从《系年》的章节编排和内容记载来看，简文第1—4章记录了西周时期的史事，第5—19章记载了春秋争霸的历史，其中晋国史事偏多，第20—23

---

① 据第一节简文汇整，清华简《晋文公入于晋》也有郑国历史相关的记载，但仅有一句"反郑之陣"，于此便不再特意分析了。

② 相关内容详见绪论部分。

③ 廖名春：《清华简〈系年〉管窥》，《深圳大学学报》，2012年第3期；许兆昌、齐丹丹：《试论清华简〈系年〉的编纂特点》，《古代文明》，2012年第2期等。

章记述了战国初期的史事。简文各章也有一定的联系，譬如，第 1 章概述西周的兴衰，第 2 章便记载西周的灭亡、两周之际的历史与诸侯并起的局面，记载了晋、郑、楚等诸侯的情况，而第 3、4 章则分别记载秦、卫两国的情况。就前 4 章而言既有纵向的时间陈述，也有横向的王室衰微，诸侯并起之局面。第 5 章以后则记载了春秋大国争霸的历史局面，而后几章关于战国历史的记载也多有章法。①可见《系年》各章也是有逻辑关联的。由此可知《系年》是一部完备的、精心创作的史学作品，而非仅仅是相关史料的摘抄本。

关于《系年》的写作倾向，学界认为这部史书更有晋国的倾向，其理由便是所载晋国史内容丰富，实际上可能并非如此，晋国在春秋时期确实占据着特殊的地位，《左传》《国语》《竹书纪年》《系年》所记载晋国史料丰富是客观的情况，并不能说明倾向。如果说《系年》作者的倾向，那可能就是"共主"倾向，谁是共主，谁就是主角。西周王室尚存就以周为主角，两周之际郑国小霸就多写郑国的情况，楚国壮大便称楚王。这样的一种笔法较之孔子而言确实直白而客观，因此《系年》的史料价值极高。最近，刘全志提出《系年》当成书于墨家学派之手的新观点，可备一说。②

（二）《良臣》的性质

《良臣》的性质也是学界热议的一个话题。有学者指出，《良臣》"可能是史童所习之本"，③实际上传世文献中多有类似的文献，如《墨子·尚贤》《吕氏春秋·尊师》《韩非子·内储说》《汉书·古今人表》等。马楠认为《良臣》与"与战国时一种类似于《书序》的文献密切相关"，④这一个观点也是值得注意的。

学界较为公认的是，《良臣》使用三晋文字，其写作者恐与三晋相

① 杨博：《裁繁御简：〈系年〉所见战国史书的编纂》，《历史研究》，2017 年第 3 期。
② 刘全志：《清华简〈系年〉的成书与墨家学派性质》，《浙江学刊》，2021 年第 2 期。
③ 杨蒙生：《清华简〈良臣〉篇性质蠡测》，清华网，2013 年 1 月 5 日。
④ 马楠：《清华简〈良臣〉所见三晋〈书〉学》，《中国高校社会科学》，2013 年第 6 期。

关。①杨蒙生更认为："清华简《良臣》篇书写者的身份应该可以推定：他很可能是一位对历史有一定认识的三晋读书人，本惯用晋系书法，后来由于种种原因流落楚国，为养家糊口而成为抄手。"②但从内容上讲，《良臣》却刻意记载子产之师、子产之辅，这确实是一个值得注意的现象。《良臣》记录的郑国历史名臣也颇值得深思，除了上述子产之师、子产之辅外，还记载有郑桓公之臣、郑定公之臣。而在郑国的历史上，郑定公虽然依靠子产的改革，促成了郑国的再度发展，但郑定公的地位与功绩着实不能与桓公匹配，《良臣》记载定公，却为记载庄公之臣，这是不正常的现象。而唯一的合理的解释便是，《良臣》记载郑定公之良臣，是为了突出子产。若此，《良臣》在内容上更与郑国子产有所关联。

（三）清华简（六）载郑三篇简文性质

《郑武夫人规孺子》共简文 18 支，整理者认为原简文有 19 支，缺简 1 支，经过专家考证，该文献 18 支简就是全部内容，并无缺简现象，且整理者原编号有误。③对此，前节在简文的整理汇读中已经说明，在此不再赘述。

关于《郑武夫人规孺子》的写作时代，整理者认为该文献成文于春秋早期，今见为战国抄本。这样的判断是正确的，并且这意味着该文献几乎可以当作了解郑庄公早期历史的一手史料来运用。关于简文展现的郑国早期历史、武姜与郑庄公关系、郑国大夫边父的身份、武姜言论所反映的政治思想等诸多问题后文均有讨论。

《郑文公问太伯》分甲、乙两个抄本，两个抄本除文字差异外，其内容基本相同，有趣的是两个抄本的抄手是同一人，而底本却不一致，这意味着当时便流传着甲、乙不同的版本。

---

① 马楠：《清华简〈良臣〉所见三晋〈书〉学》，《中国高校社会科学》，2013 年第 6 期。
② 杨蒙生：《清华简（叁）〈良臣〉篇管见》，《深圳大学学报》，2014 年第 2 期。
③ 贾连翔：《清华简〈郑武夫人规孺子〉篇的再编连与复原》，《文献》，2018 年第 3 期。

简文叙述郑文公向病重的太伯询问政事,太伯以郑国历史发展的艰辛与先君的拼搏告诫文公要积极为政,不要贪图安逸。从简文的内容看,太伯对郑国早期历史的叙述,绝非后人可以托词而造,因此其成书年代也应是春秋时期成文的作品。

《子产》全简29支,保存良好。李学勤认为:"与上述《郑武夫人规孺子》和《郑文公问太伯》不同,后两者都是纪事体,《子产》则是关于郑国名臣子产道德修养及施政业绩的论说。"[1]简文有儒家的教化色彩。《子产》补充了子产"作刑书"的具体内容,这对研究法制史、政治思想史提供了极为重要的新史料。

综上,清华简所见郑国文献的形式是多样的,既有"纪事本末体"史书类的《系年》,也有书类《良臣》,还有纪事的《郑武夫人规孺子》《郑文公问太伯》,也有论说类的《子产》。就内容而言,这些史料既有郑国重大历史事件的记载,也有诸多历史人物事迹言行的记载,还有相关政治思想的论述,十分丰富。

二、清华简所见涉郑国简文的史料价值

清华简所见涉郑国简文的史料价值可从三个方面论述,即有助于对郑国宏观历史的把握、有助于对郑国历史细节的探索、有助于对郑国乃至春秋政治思想的分析。

(一) 郑国宏观历史的把握

清华简所见涉郑国简文的一个特征便是整体性。揉碎简文篇目,按照时间顺序将之重新排布不难发现,清华简几乎记载了郑国历史的基本面貌。

从郑桓公开始,《郑文公问太伯》中太伯追忆了郑桓公"后出周"而东迁的过程,并对其中重要的克郐之事有明确记载。《良臣》则记载了郑桓公的辅臣,即周之遗老。首先,《郑文公问太伯》继续追忆武公的开疆、固疆之艰

---

[1]李学勤:《有关春秋史事的清华简五种综述》,《文物》,2016年第3期。

辛，《系年》记载武公"正东方之诸侯"，而《郑武夫人规孺子》则提出了武公曾经"陷于大难""处卫三年"，这又可能与传世文献记载的武公协助平王东迁相关。其次，《郑武夫人规孺子》记载了武公死后武姜对庄公的政治劝谏，以及以边父为首的执政大夫集团的担忧，《郑文公问太伯》则追述了庄公一系列与周王室对抗的行为，终于获得繻葛之战的胜利，成为春秋早期的霸主。复次，《系年》《郑文公问太伯》都记载了昭公、厉公之时的内乱，这是郑国衰落的起点。文公之后的郑国在大国之间徘徊决策，朝晋暮楚，《系年》在记载晋楚争霸时也突显了郑国作为导火索的地位。再次，春秋晚期，《良臣》《子产》记载郑定公时期任用子产，团结"七穆"，积极改革，促成了郑国的再度发展。最后，《系年》记载战国初期郑繻公统治下郑国的内政外交情况。郑繻公死后，郑国终被韩国所灭。

综上，清华简十分清晰地勾勒了郑国的整体发展历史，这对宏观把握郑国兴衰极有价值。

（二）郑国历史细节的探索

除了宏观的历史叙事，清华简所涉郑国简文还对诸多历史细节的探索有所助益，以下仅举几个例证予以说明。

其一，灭郐者是郑桓公还是郑武公。灭郐是郑国历史上十分重要的事件，是郑国从畿内诸侯到畿外诸侯转变的关键环节。然而传世文献关于灭郐之人是桓公还是武公记载有所分歧，也导致学界对此争议极大。而清华简《郑文公问太伯》则直接记载郑桓公"克郐迢迢，如容社之处"，直接证明了灭郐者为郑桓公，这也揭示了郑桓公并没有跟随周幽王殉于骊山之难，证明了《史记·郑世家》记载的错误。

其二，郑武公的事迹。《左传》开篇便是"郑伯克段于鄢"，史籍关于郑武公的记载似乎还有没武姜丰富。然而，众所周知，"周之东迁，晋、郑焉依"[1]，帮助周平王东迁的郑君正是武公。清华简《郑武夫人规孺子》则记载这期间郑武公陷于大难，处卫三年，相关史事在传世文献中没有记载，这对丰富我们对郑武公相关事迹的认知具有直接的帮助。

其三，夏姬的身份。夏姬的故事广为人知，然而传世文献中的夏姬乃为夏御叔之妻，夏征舒之母。而《系年》则记载夏姬为夏征舒之妻，经过学者考证，《系年》正确，传世文献所载均错误。

以上三个例子，第一个例子说明清华简解决了郑国历史问题中的一个纠纷，第二个例子说明清华简补充了郑国历史上的缺载，第三个则例子说明清华简纠正了传世文献关于郑国历史记载的错误。综上，清华简在郑国历史细节的具体考证上具有解纷争、补空缺、纠错误的史料价值。

（三）郑国政治思想的分析

清华简所载郑国史料的另一个价值便是具有思想性。尤其是清华简六中的《郑武夫人规孺子》《郑文公问太伯》《子产》三篇简文不仅记载了郑国历史与人物，还记载了武姜、太伯、子产等人的执政理念，这为研究郑国乃至春秋时期的政治思想提供了难得的素材。

《郑武夫人规孺子》是武姜对郑庄公的政治告诫。其中包括希望庄公可以属政大夫，做到重贤臣，同时要远离近侍和奸佞的巧言令色之人，以防他们干扰政治。武姜自己也声称会只管理后宫事务，自己与外戚不干预朝政。武姜与边父劝说郑庄公时都引用了郑武公为政的惯例，以此加强自己观点的权威性，利用历史劝谏政治也是古代政治思想的一个特征。这一特征在《郑文公问太伯》中更展现得淋漓尽致。

《郑文公问太伯》是太伯对郑文公的政治劝诫。太伯历述桓公、武公、庄公、昭公、厉公事迹，说明郑国先君创业守成之艰难，以此劝谏文公要积极为

---

①杨伯峻：《春秋左传注》，北京：中华书局，2016年，第55页。

政，有进取心，而不是沉溺享乐安逸。最后，太伯还以商代的历史为鉴，让文公向商汤学习，不要学习纣王。

《子产》是作者对子产行政的论说。除了论及子产作刑书的内容极为重要外，还体现了早期政治中的诸多重要命题，如"答天""通神""和民""用贤"等，是非常宝贵的思想史材料。

可见，清华简所载郑国史料虽性质不同，但都具有宝贵的研究价值。为更清楚地了解清华简所载郑国简文的史料价值，以及便于后文的行文与分析，兹按照简文内容记载的顺序，以宽式隶定的方法排序简文内容如下：

时　代		简　文	史料价值	备注
早期发展阶段	桓公时期	昔吾先君桓公后出自周，以车七乘，徒三十人，鼓其腹心，奋其股肱，以协于庸偶，摄胄撚甲，攫戈盾以造勋。战于鱼丽，吾获函、訾，覆车袭介，克郐迢迢，如容社之处，亦吾先君之力也。（《郑文》）	明确记载克郐者为郑桓公，解决学界争议已久的问题。	《郑文》，即《郑文公问太伯》简称，下文同。
		郑桓公与周之遗老：史伯、宣仲、虢叔、杜伯，后出邦。（《良臣》）	传世文献《国语》《史记》等只有太伯与桓公对话的记载，简文记载了郑桓公东迁的具体支持者。	
	武公时期	郑武公亦正东方之诸侯。（《系年》第2章）	记载了郑国在东迁后，武公时代的地位，这与传世文献的观点可以互证。	

时 代		简 文	史料价值	备注
早期发展阶段	武公时期	规孺子,曰:"昔吾先君,如邦将有大事,必再三进大夫而与之偕图。既得图乃为之,毁图,所贤者焉申之以龟筮,故君与大夫晏焉,不相得恶。区区郑邦,望吾君,无不盈其志于吾君之君己也。使人遥闻于邦,邦亦无大繇赋于万民。吾君陷于大难之中,处于卫三年,不见其邦,亦不见其室。如毋有良臣,三年无君,邦家乱也。自卫与郑若卑耳而谋。"(《郑武》)	记载郑武公陷于大难,处卫三年之事,不见于传世文献。记载了郑武公的用人得当。	《郑武》,即《郑武夫人规孺子》简称,下文同。
		郑武公卒,既殡,武夫人昔吾先君使二三臣,抑早前后之以言,思群臣得执焉,□毋交于死。(《郑武》)	记载郑武公在国内为政时与大夫们的关系。	
		世及吾先君武公,西城伊涧,北就邬、刘,縈轵芳、邢之国,鲁、卫、蓼、蔡来见。(《郑文》)	记载郑武公时期的势力范围与在诸夏中的地位。	
由盛转衰阶段	庄公时期	世及吾先君庄公,乃东伐齐䣙之戎为彻,北城温、原,遗阴、鄂次,东启陨、乐,吾逐王于葛。(《郑文》)	记载郑庄公时期的霸业,可与传世文献互证。	
		《郑武》全文	记载郑庄公初期的政治局面,传世文献未有记载。记载了武姜的政治思想。	

时　代		简　文	史料价值	备注
由盛转衰阶段	昭厉时期	世及吾先君昭公、厉公，抑天也，其抑人也，为是牢鼠不能同穴，朝夕斗阋，亦不逸斩伐。（《郑文》）	记载昭、厉之乱的原因，提及内乱期间仍对外发展的情况。	
		庄公即世，昭公即位。其大夫高之渠弥杀昭公而立其弟子眉寿。齐襄公会诸侯于首止，杀子眉寿，车辚高之渠弥，改立厉公，郑以始正。（《系年》第2章）	对昭、厉之乱记载与传世文献不同，存在叙事的立场问题。	
衰落至灭亡阶段	大国争霸时期	《郑文》全文	追述郑文公之前的历史，极具价值。记载郑文公时期的很多历史人物。反映太伯的政治思想。	
		（重耳）乃适卫，卫人弗善；适郑，郑人弗善；乃适楚。（《系年》第6章）	可与传世文献互证。	
		晋文公立四年，楚成王率诸侯以围宋伐齐，戍谷，居鑮。晋文公思齐及宋之德，乃及秦师围曹及五鹿，伐卫以脱齐之戍及宋之围。楚王舍围归，居方城。令尹子玉遂率郑、卫、陈、蔡及群蛮夷之师以交文公。文公率秦、齐、宋及群戎之师以败楚师于城濮，遂朝周襄王于衡雍，献楚俘馘，盟诸侯于践土。（《系年》第7章）	城濮之战晋、楚势力记载有所差异。郑国的情况可与传世文献互证。	

时 代		简 文	史料价值	备 注
衰落至灭亡阶段	大国争霸时期	败楚师于城濮, 建卫, 成宋, 围许, 反郑之陴……(《晋文》)	可与传世文献互证。	《晋文》, 即《晋文公入于晋》简称。
		晋文公立七年, 秦、晋围郑, 郑降秦不降晋, 晋人以不憖。秦人豫戍于郑, 郑人属北门之管于秦之戍人, 秦之戍人使人归告曰: "我既得郑之门管已, 来袭之。"秦师将东袭郑, 郑之贾人弦高将西市, 遇之, 乃以郑君之命劳秦三帅, 秦师乃复, 伐滑, 取之。(《系年》第8章)	可与传世文献互证。	
		楚穆王立八年, 王会诸侯于厥貉, 将以伐宋。宋右师华孙元欲劳楚师, 乃行, 穆王使驱孟诸之麋, 徙之徒菡。宋公为左盂, 郑伯为右盂……(《系年》第11章)	解决了"左盂"与"右盂"的经学争议。	
		楚庄王立十又四年, 王会诸侯于厉, 郑成公自厉逃归, 庄王遂加郑乱。晋成公会诸侯以救郑, 楚师未还, 晋成公卒于扈。(《系年》第12章)	传世文献未明确记载此事。	
		王围郑三月, 郑人为成。晋中行林父率师救郑……(《系年》第13章)	可与传世文献互证。	
		楚庄王立, 吴人服于楚。陈公子征舒取妻于郑穆公, 是少盂……(《系年》第15章)	有助于夏姬身份问题的解决。	

时　代		简　文	史料价值	备注
衰落至灭亡阶段	大国争霸时期	楚共王立七年，令尹子重伐郑，为泭之师。晋景公会诸侯以救郑，郑人止郧公仪……共王亦率师围郑，厉公救郑，败楚师于鄢。厉公亦见祸以死，亡后。（《系年》第16章）	关于鄢陵之战的记载，与传世文献不同。	
		郑定公之相有子皮，有子产，有子大叔。子产之师：王子伯愿、肥仲、杜逝、斸斫。子产之辅：子羽、子刺、蔑明、卑登、富之厦、王子百。（《良臣》）	突出了子产的地位。总结子产为政的师与辅，可与《子产》相关内容互证。	
		《子产》全文	记载了子产"铸刑书"的内容与子产的刑法思想。	
	战国初期	晋公献齐俘馘于周王，遂以齐侯贷、鲁侯显、宋公田、卫侯虔、郑伯骀朝周王于周。（《系年》第22章）	记载郑繻公时期三家分晋局面的确立。	
		楚声桓王立四年，宋公田、郑伯骀皆朝于楚。王率宋公以城榆关，寘武阳。秦人败晋师于洛阴，以为楚援。声王即世，悼哲王即位。郑人侵榆关，阳城桓定君率犊关之师与上国之师以交之，与之战于桂陵，楚师亡功。景之贾与舒子共止而死。明岁，晋鄟余率晋师与郑师以入王子定。鲁阳公率师以交晋人，晋人还，不果入王子。明岁，郎庄平君率师侵郑，郑皇子、子马、子池、子封子率师以交楚人，楚人涉沘，将与之战，郑师逃入于蔑。楚师围之于蔑，尽逾郑师与其四将军，以归于郢，郑大宰欣亦起祸于郑，郑子阳用灭，亡后于郑。明岁，楚人归郑之四将军与其万民于郑……（《系年》第23章）	记载战国初期郑繻公统治时期郑国的历史情况，尤其是在三晋与楚之间的摆动。明确了郑太宰欣与子阳之党的关系。	

小 结

清华简所载郑国历史的简文主要有五篇，即《系年》《良臣》《郑武夫人规孺子》《郑文公问太伯》和《子产》，这批竹简当为战国中晚期的文献，由于未经过秦火销毁及后人的修改、窜入，其更能展现古书的原貌，因此史料价值极大。自简文陆续公布以来，学界对其都抱有热情的态度，每每成为学界的研究热点。

本章分为两个部分。第一部分即综合简文整理者和学界各种意见，对五篇简文进行了整体的汇整校读，以此奠定后文分析论证的基础。第二部分主要针对这些简文的性质和史料价值进行了分析。

五篇清华简文性质各异。体裁上，既有"纪事本末体"史书类，也有书类文献，还有侧重纪事的和论说类的文献。字迹上，既有晋系风格的文字，也有楚系风格的书写。内容上，既有郑国历史的宏观脉络，也有诸多历史人物事迹言行的记载，还有思想的论述。虽然各类简文性质差异较大，但是这些简文都成书较早，最早可到春秋早期，最迟也不会晚于战国早中期，因此史料的可信性较强。除了可信性，清华简所载郑国历史简文更有助于对郑国重大史事的考证、有助于对郑国历史细节的探索、有助于对郑国乃至春秋政治思想的分析。

总之，因为清华简郑国史料的陆续公布，郑国历史研究的热度有了很大提升，郑国历史研究中的诸多纠纷、空白、讹误可以由此突破。

第二章

清华简所见郑国史事索骥

第二章
清华简所见郑国史事索骥

　　据前章简文的整理，清华简中关于郑国历史的新史料十分丰富，这有助于解决郑国历史研究中的诸多疑难问题。按照郑国的历史发展脉络，从西周早期的始封到战国初期被韩国所灭，可大致分为早期发展时期、由盛转衰时期、衰落至灭亡时期三个阶段。清华简记载了三个阶段中郑国历史上的诸多重大事件，对于深入了解郑国历史提供了难得的新史料。

　　早期发展时期，包括郑桓公、郑武公时期是郑国的上升期，由于传世文献记载的缺失与矛盾，学界对这一时期的很多重大事件有所疑惑。清华简《系年》《良臣》《郑武夫人规孺子》《郑文公问太伯》对郑国历史上的东迁、郑武公的统治情况等问题有所记载，这对进一步了解郑国早期历史有所助益。

　　由盛转衰时期，包括郑庄公的"小霸"之业及其死后发生的四公子之乱。清华简《系年》《郑武夫人规孺子》《郑文公问太伯》记载了郑庄公统治初期郑国的复杂局势、郑庄公的"小霸"事业，和庄公之后昭、厉内争及其原因。简文或可补传世文献的不足，或可与传世文献相互印证，从而加深对相关问题的认知和理解。

　　衰落至灭亡时期，主要是春秋大国争霸时郑国的持续衰落以及战国早期的郑国被韩国所灭之前的情况。关于前者，《系年》诸篇章对大国争霸中的郑国有所涉及，可与传世文献比对分析。而对于后者，传世文献关于战国早期的郑国记载十分匮乏，仅《史记·郑世家》有寥寥数语，其他文献更为零散。清华简《系年》第22章、23章集中记载了郑国晚期郑缪公时期的情况，这是十分重要的史料，对了解战国早期郑国的情况有所补充。

下文便以清华简的记载为线索，对早期发展时期、由盛转衰时期、衰落至灭亡时期三个历史阶段的郑国相关历史问题进行分析。

第一节　清华简所见郑国早期历史问题

不同于齐、晋、楚、鲁等西周初年分封的诸侯国，郑国始封则是西周晚期之事。郑国始封于周宣王二十二年（公元前806年），始封之君为郑桓公，名友。①其在郑国始建之时便是畿内诸侯，在幽王时代，他更高居司徒之位，居于西周晚期的政治中枢。两周之际，王室动荡，郑桓公与其子郑武公在云谲波诡的权力斗争中谨慎抉择、精心筹划，在平王东迁之前便提前完成了由畿内诸侯到畿外诸侯的东迁转变。郑庄公在平定内乱后，在桓公、武公的基础上使郑国迅速发展，以至形成"小霸"之业。清华简相关简文对郑国东迁、郑武公为政以及郑庄公的"小霸"之业等郑国早期史事有所记载，下文分述。

一、清华简所见郑国的东迁

郑国东迁是郑国早期历史上具有转折意义的重大事件。随着西周晚期政治局势的日益复杂，郑国在桓公、武公的努力下顺利完成了东迁，为春秋初期郑

---

① ［汉］司马迁：《史记》卷42《郑世家第十二》，北京：中华书局，1959年，第1757页。关于郑桓公的身份，学界有所争议。传世文献基本认为其为周厉王之子，周宣王之庶弟，传统观点亦复如此。直到清代学者雷学淇提出质疑，他在《竹书纪年义证》《介庵经说》等著作中都认为郑桓公乃周宣王之子。雷说亦得到陈盘的支持。其后，张以仁撰写《郑桓公非厉王之子说述辨》。张以仁：《春秋史论集》，台北：台北联经出版事业公司，1990年，第404页。张以仁驳斥雷、陈之说，维护传统说法，可从其观点。

国的发展奠定了基础。然而，郑国的东迁并非一蹴而就，而是经过一系列的精心布局、审时度势、艰苦战斗与逐步稳固。清华简中不乏关于郑国东迁的记载，可补充传世文献记载的不足。

（一）东迁的核心：《郑文公问太伯》所载"克郐"

虢国与郐国是郑国东迁的核心地区，然而传世文献记载的矛盾令学界对究竟是谁"克郐"的问题产生了巨大争议。其矛盾体现在"桓公克郐"和"武公克郐"两种说法上。

"武公克郐"说。这是学界较为通行的说法，所凭借的主要依据便是《史记·郑世家》等文献的记载。据《史记·郑世家》记载，周幽王九年，即郑桓公三十四年，"东徙其民洛东，而虢、郐果献十邑，竟国之。二岁，犬戎杀幽王于骊山下，并杀桓公。"[①]按照这样的记载，在寄孥虢、郐不久，郑桓公与周幽王一起死于骊山之难，郑桓公并没有具体参与到东迁的实际行动中，照此推测，开始东迁的便是桓公之子，郑武公掘突了，如《国语》韦昭注："后桓公之子武公竟取十邑之地而居之，今河南新郑是也。"[②]

"桓公克郐"说。此一观点的主要证据是古本《竹书纪年》中的两则文献。其一，为《水经·洧水注》所引《古本竹书纪年》佚文："晋文侯二年，同惠王子多父伐郐，克之，乃居郑父之丘，名之曰郑，是曰桓公。"[③]惠王应为厉王之讹误，[④]多父即郑桓公友。但经考证，晋文侯二年是周幽王三年，即公元前779年，此时郑桓公尚未被任命为周王室的司徒，自然也未与史伯对话，却有"伐郐"之事，若此记载不误，则早在郑桓公与史伯对话前便已经开始"伐郐"而东迁，这与传统的认知严重不符。实际上，在《今本竹书纪年》对

---

① ［汉］司马迁：《史记》卷42《郑世家第十二》，北京：中华书局，1959年，第1761页。
② 徐元诰撰，王树民、沈长云点校：《国语集解》，北京：中华书局，2002年，第438页。
③ 《竹书纪年》卷2，《四部丛刊》，上海：商务印书馆，1920年，第13页。
④ 张以仁：《郑桓公非厉王之子说述辨》，《春秋史论集》，台北：台北联经出版事业公司，1990年。

应文献中的记载则是："（幽王二年）晋文侯同王子多父伐鄶，克之。乃居郑父之丘，是为郑桓公。"①虽然，学界公认《今本竹书纪年》是伪书，但与古本相同的内容应当有所本源，具有一定的史料价值。古本之"伐郐"，今本作"伐鄶"，郐繁体字为"鄶"，与鄶相似，应误。李峰认为，"鄶国本来就是周幽王室的敌人"，因而"《今本竹书纪年》的'鄶'不误，而《古本竹书纪年》的'郐'则是错的"。②此说可从。其二，《汉书·地理志》注引臣瓒引《古本竹书纪年》佚文："幽王既败，二年而灭会，四年而灭虢，居于郑父之丘，是以为郑桓公。"③传统观点认为郑桓公死于骊山之难，是一位为周王朝殉命的忠义形象，而古本竹书却记载郑桓公并未殉周，而是在周幽王死后的二年灭会（郐），四年灭虢实现了史伯设计的东迁计划。

面对传世文献的矛盾，学术界关于"克郐"者是桓公还是武公产生了争议，而清华简《郑文公问太伯》明确地记载了郑桓公灭郐之事，简文记载如下：

> 昔吾先君桓公后出自周，以车七乘，徒三十人，鼓其腹心，奋其股肱，以协于庸偶，摄胄擐甲，擭戈盾以造勋。战于鱼丽，吾乃获函、訾，覆车袭介，克郐遝遝，如容社之处，亦吾先君之力也。④

引文是郑文公询问太伯为政之道，太伯追忆郑国先王，首先被提及的便是郑桓公。"昔吾先君桓公后出自周"，学界主要有两种观点。其一，简文整理者认为"后出自周"是指在姬姓邦国中郑国分封较晚，因此称为"后"。其二，程浩认为"后出"是相对"初封"而言的，是指郑国的东迁。从后文"获函、訾""克郐"而言，显然后一种观点更为通顺。"车七乘，徒三十人"是指郑

---

① 《竹书纪年》卷2，《四部丛刊》，上海：商务印书馆，1920年，第16页。
② 李峰：《西周金文中的郑地和郑国东迁》，《文物》，2006年第9期。
③ ［汉］班固：《汉书》卷28上《地理志第八上》，北京：中华书局，1962年，第1544页。
④ 清华大学出土文献研究与保护中心编，李学勤主编：《清华大学藏战国竹简(陆)》，上海：中西书局，2016年，第119页。

桓公的贴身之人和极少的辎重，而非全部军事力量。据《国语·郑语》记载，郑桓公采取史伯的建议，在西周尚未灭亡之时便"寄孥虢郐"，转移了大部分的物资。①除了"车七乘，徒三十人"，郑桓公还有诸多贵族及其家臣、武装的扶持，这可从清华简《良臣》中找到线索，后文详述。如此，简文大意可理解为：我们的先君郑桓公东迁逃离宗周，仅以七乘车，三十人，重用心腹与股肱之臣，向东方诸多小国用兵，披坚执锐，建立功勋。在鱼陵一战中，获得函、訾两城邑，又攻克郐国，使得郑国终于有了立国之土地，这都是郑桓公努力的结果。函位于今河南新郑，訾位于今河南巩义，因此，"克郐"是郑国东迁进程中最重要的一环，即《古本竹书纪年》所载西周灭亡两年后，郑桓公克郐之事。

清华简《郑文公问太伯》是郑文公时期的一段对话，此时距郑桓公仅仅四代时间，尚不算远。而追述者太伯以郑桓公、郑武公、郑庄公乃至昭厉之乱的历史劝勉郑文公，足见其对郑国历史的熟稔。因此，太伯的追忆是有较高可信度的，那么"克郐"者当为郑桓公而非郑武公。既然如此，还有一个疑问需要解释，即《史记·郑世家》缘何指认郑桓公死于骊山之难，殉周而亡了呢？对此问题，学界已有很多学者进行了中肯的分析，较为可从的观点是：《史记·郑世家》本于《国语·郑语》，但《国语·郑语》中"幽王八年而桓公为司徒，九年而王室始骚，十一年而毙"中"毙"的主语是周幽王，而非郑桓公，因此《郑世家》记载郑桓公殉周之事当为太史公的误读。②

综上，清华简《郑文公问太伯》以较高的可信度明确指出"克郐"者为郑桓公，解决了郑国历史研究中争议已久的"克郐"难题。而文中所提《良臣》

---

① 徐元诰撰，王树民、沈长云点校：《国语集解》，北京：中华书局，2002年，第460—476页。

② 相关观点可参考沈长云：《郑桓公未死幽王之难考》，《文史》第43辑，北京：中华书局，1997年，第244—247页；程浩：《从"逃死"到"扞艰"：新史料所见两周之际的郑国》，《历史教学问题》，2018年第4期。

对郑桓公辅臣的记载，也可以深化我们对郑国东迁历史细节的认知。

（二）东迁的支持者：《良臣》所载"周之遗老"

据上，《郑文公问太伯》所记载的"车七乘，徒三十人"，并非郑桓公东迁的全部军事力量和辎重，而只是贴身的亲信和少部分的物资。在郑桓公主导的东迁过程中，还有很多贵族及其家臣、武装的扶持。《左传·昭公十六年》子产追述，"昔我先君桓公与商人皆出自周"，[1]可见跟随桓公东迁的还有商人。当然除了商人，跟随桓公的贵族至少还应包括《良臣》中的"周之遗老"，即"史伯、宦仲、虢叔、杜伯"四位贵族及其家族。[2]

史伯，身为周王朝之太史，对当时的政治局势可谓了如指掌，是郑桓公东迁的主谋者，桓公东迁，史伯可谓首功。西周晚期的郑桓公有两种身份，其一为王朝司徒，是周幽王的叔父，有公职；其二为郑国的国君，有私心。在其纠结之时，与当时王朝最有卓识的史伯进行了一次深入对话，这番对话被《国语·郑语》完整地保留了：

> 桓公为司徒，甚得周众与东土之人，问于史伯曰："王室多故，余惧及焉，其何所可以逃死？"史伯对曰："王室将卑，戎狄必昌，不可逼也。当成周者，南有荆蛮、申、吕、应、邓、陈、蔡、随、唐，北有卫、燕、狄、鲜虞、潞、洛、泉、徐蒲，西有虞、虢、晋、隗、霍、杨、魏、芮，东有齐、鲁、曹、宋、滕、薛、邹、莒，是非王之支子母弟甥舅也，则皆蛮夷戎狄之人也。非亲则顽，不可入也。其济、洛、河、颍之间乎！是其子男之国，虢、郐为大，虢叔恃势，郐仲恃险，是皆有骄侈怠慢之心，而加之以贪冒。君若以周难之故，

---

[1] 杨伯峻：《春秋左传注》，北京：中华书局，2016 年，第 1531 页。

[2] 程浩认为《良臣》"史伯、宦仲、虢叔、杜伯"四人应在《郑文公问太伯》的"徒三十人"中，不确。两周之际仍为氏族社会，贵族身后都是自己的氏族，而像史伯这样身份的人，其身份更可能是氏族长，那么其管理的氏族成员便不可能过少。详见程浩：《从"逃死"到"扦艰"：新史料所见两周之际的郑国》，《历史教学问题》，2018 年第 4 期。

寄孥与贿焉，不敢不许。周乱而弊，是骄而贪，必将背君，君若以成周之众奉辞伐罪，无不克矣。若克二邑，邬、蔽、补、丹、依、黩、历、华，君之土也。若前颍后河，右洛左济，主芣、騩而食溱、洧，修典刑以守之，是可以少固"……公说，乃东寄帑与贿，虢、郐受之，十邑皆有寄地。①

引文除了前序郑桓公的疑问、结尾郑桓公的抉择之外，主要是史伯对当时天下形势的分析，可分三个层次：第一，非亲则顽。史伯以成周为中心，将东南西北四方的诸侯与戎狄势力进行了分析，认为这些势力不是王室的"支子母弟甥舅"等亲信，便是"蛮、荆、戎、狄"等发展迅速的少数民族，他们"非亲则顽"，故要远离。第二，虢势郐险。史伯认为虢国、郐国国君"骄侈怠慢""骄而贪"，可以设计夺取。第三，若克二邑。如果郑国成功获取虢、郐二国，不仅可以收获周边八个小城邑，壮大势力，更能依山靠水，巩固统治。

关于史伯的论述应该从两方面看：一方面，他清楚认识到了周王室必然衰败的现实，并成功地预测天下的形势，尤其对楚、齐、晋和秦等大国崛起的判断，其准确性更似后人根据后世现实的托古；另一方面，史伯为郑桓公所选的东迁之地可谓利弊参半，郑国东迁后的立足之地在成周附近，于天下之中，如在周王室礼乐秩序稳固的时代，这确实是一块战略要地，但如王纲大乱，诸侯群起，郑国处于四战之地，虽有一定的地理屏障，却没有战略纵深。

不过，据前文所述，郑桓公不仅听从史伯"寄孥虢郐"的建议，而且还在两周之际相继灭掉郐国与虢国，成功地完成了东迁。因此，史伯确实为郑国东迁的首功之臣。

宦仲，史籍未有明载，有学者联系《诗经》与金文，认为宦仲即南仲。②

---

①徐元诰撰，王树民、沈长云点校：《国语集解》，北京：中华书局，2002年，第460—476页。
②周飞：《清华简〈良臣〉篇札记》，清华网，2013年1月8日。

南仲，是西周晚期时人，在王朝的地位极高。《诗经·大雅·常武》有："赫赫明明，王命卿士，南仲大祖，大师皇父。"①《诗经·小雅·出车》有："王命南仲，往城于方""赫赫南仲，猃狁于襄。"②郭沫若认为两首诗为西周晚期的作品，南仲是宣王时期的重要卿士。③这个说法可从。西周宣王时期的青铜器驹父盨盖（《古今图书集成》4464）也有南仲的记载，④可印证郭沫若的论证，即南仲为宣王时期的重要卿士。当然，以宧仲为南仲只是一种可能，未有实证。程浩认为上海博物馆藏"仲宧父鼎"（《古今图书集成》2442）或许与宧仲相关。⑤

虢叔，整理者认为是《国语·周语》中的虢文公，恐误。《周语》记载，周宣王初年，不籍千亩，虢文公曾劝谏，从虢文公劝谏的语句可推测，此时的虢文公已然是知识渊博的长者，从时间上看，他不可能参与郑桓公的东迁计划。这里的虢叔应该就是史伯规划中"虢叔恃势，郐仲恃险"的虢叔。⑥那么，"恃势"的虢叔虽然在客观上为郑国东迁提供了领地，但能否被称为桓公的"良臣"呢？从前章所引《竹书纪年》"幽王既败，二年而灭郐，四年而灭虢，居于郑父之丘"的记载来看，虢国是晚于郐国两年而灭亡的。郑庄公曾回忆道："制，岩邑也，虢叔死焉。"⑦结合诸多史料，我们似乎可以合理推测虢叔在两周之际的事迹。虢叔为东虢国的君主，在桓公"寄孥"时，虢叔欣然接受，成了郑桓公与史伯谋划下的目标，但在桓公东迁过程中曾积极辅佐，立下功劳，甚至死于制地，因此列入"良臣"序列。虢叔死后，桓公灭虢。

---

① ［清］阮元校刻：《十三经注疏·毛诗正义》，北京：中华书局，1980 年，第 576 页。
② ［清］阮元校刻：《十三经注疏·毛诗正义》，北京：中华书局，1980 年，第 416 页。
③ 郭沫若：《两周金文辞大系》，科学出版社，2002 年，第 320 页。
④ 王辉：《驹父盨盖铭文试释》，《考古与文物》，1985 年第 5 期。
⑤ 程浩：《清华简新见郑国人物考略》，《文献》，2020 年第 1 期。
⑥ 徐元诰撰，王树民、沈长云点校：《国语集解》，北京：中华书局，2002 年，第 463 页。
⑦ 杨伯峻：《春秋左传注》，北京：中华书局，2016 年，第 11 页。

　　杜伯，《国语·周语上》记载"杜伯射王于鄗"，①此次杜伯的刺杀直接导致了周宣王之死。而实际上，简文中的"杜伯"更可能是杜伯的氏族或党羽，因为真正的杜伯早被周宣王所杀。《史记·周本纪》引《周春秋》记载："宣王杀杜伯而无辜，后三年，宣王会诸侯田于圃，日中，杜伯起于道左，衣朱衣冠，操朱弓矢，射宣王，中心折脊而死。"②《周春秋》的记载当然有荒诞的成分，杜伯死而无辜，化鬼而射杀宣王传说的背后，是杜伯被杀，党羽的复仇行为。复仇之后，杜伯党羽的残余跟随了郑桓公，在东迁过程立下功劳，以"杜伯"之名列入"良臣"序列。

　　郑国在两周之际的乱世之中，从畿内诸侯转型为畿外诸侯，获得"容社稷之处"，这固然有郑桓公的领导之功，却也离不开传世文献所载"商人"，以及《良臣》所载"周之遗老"，即"史伯、宦仲、虢叔、杜伯"等贵族及其家族的扶持。清华简《良臣》的相关记载细化了我们对郑国东迁过程中的支持者们的认知。

二、清华简所见两周之际郑武公的统治

　　关于两周之际和郑武公的记载，传世文献极为稀缺，而清华简却补充了这一空白，相关简文共有三部分，为论述方便，集中于下：

　　（1）周幽王取妻于西申，生平王，王（又）取褒人之女，是褒姒，生伯盘。褒姒嬖于王，王与伯盘逐平王，平王走西申。幽王起师，回（围）平王于西申，申人弗畀，曾人乃降西戎，以攻幽王，幽王及伯盘乃灭，周乃亡。邦君、诸正乃立幽王之弟余臣于虢，是携惠王。立二十又一年，晋文侯仇乃杀惠王于虢。周亡王九年，邦君诸侯焉始不朝于周，晋文侯乃逆平王于少鄂，立之于京师。三年，乃东

---

①徐元诰撰，王树民、沈长云点校：《国语集解》，北京：中华书局，2002年，第30页。
②［汉］司马迁：《史记》卷4《周本纪第四》，北京：中华书局，1959年，第146页。

徙，止于成周，晋人焉始启于京师，郑武公亦正东方之诸侯。①

（2）吾君陷于大难之中，处于卫三年，不见其邦，亦不见其室。如毋有良臣，三年无君，邦家乱也。自卫与郑若卑耳而谋。②

（3）世及吾先君武公，西城伊洞，北就鄐、刘，荣轵荮、邢之国，鲁、卫、蓼、蔡来见。③

第一则简文为《系年》第2章，记载了两周之际的复杂历史，并提及平王东迁以后，晋国逐步壮大，郑武公也"正东方之诸侯"。关于两周之际的历史问题，自20世纪90年代晁福林《论平王东迁》发布，④遂为学术界所关注。晁先生此文所使用的核心史料便是《古本竹书纪年》：

平王奔西申，而立伯盘以为太子，伯盘与幽王俱死于戏。先是，申侯、鲁侯及许文公立平王于申，以本太子，故称天王。幽王既死，而虢公翰又立王子余臣于携。周二王并立。二十一年，携王为晋文公（侯）所杀。以本非嫡，故称"携王"。⑤

《古本竹书纪年》记载西周灭亡后，出现周平王与周携王二王并立的局面，直至周携王二十一年为晋文侯所杀，这极大地丰富了我们对两周之际历史的认知。但是，清华简《系年》的公布则使相关历史问题更为复杂。简文在周携王二十一年被弑杀后又记载"周亡王九年"，引起学界极大的争议。对此，程浩的分析较为公允，他将不同文献的记载从平王叙事与携王叙事两个角度进行了区分，作下表可参考：⑥

---

①清华大学出土文献研究与保护中心编，李学勤主编：《清华大学藏战国竹简(贰)》，上海：中西书局，2011年，第138页。

②清华大学出土文献研究与保护中心编，李学勤主编：《清华大学藏战国竹简(陆)》，上海：中西书局，2016年，第104页。

③清华大学出土文献研究与保护中心编，李学勤主编：《清华大学藏战国竹简(陆)》，上海：中西书局，2016年，第119页。

④晁福林：《论平王东迁》，《历史研究》，1991年第6期。

⑤方诗铭、王修龄：《古本竹书纪年辑证》，上海：上海古籍出版社，1981年，第59页。

⑥程浩：《从"逃死"到"扞艰"：新史料所见两周之际的郑国》，《历史教学问题》，2018年第4期。

	前 770—前 762	前 762—前 759	前 759—前 751	前 750
携王叙事	邦君诸正乃立幽王之弟余臣于虢，是携惠王。	与平王"二王并立"		立廿又一年，晋文侯仇乃杀惠王于虢。
平王叙事	周亡王九年，邦君诸侯焉始不朝于周。	晋文侯乃逆平王于少鄂，立之于京师。三年，乃东徙，止于成周	（在晋、郑支持下承继周祀）	

　　按照这样的解读，在西周灭亡之后，平王并未马上东迁，而是处于"二王并立"的局面，即"周亡王九年"。此时，郑桓公灭郐、虢，完成了郑国的东迁。其后，郑桓公去世，其子郑武公即位，以郐、虢为中心，进而巩固领土。直到晋文侯迎平王于京师后三年，才辅佐周平王东迁，即文献频繁所载"我周之东迁，晋、郑焉依"。①

　　第二则简文为《郑武夫人规孺子》，追述郑武公曾"处于大难"，在卫国三年，幸亏郑国良臣保全郑国统治的平稳运行。郑武公"处于卫三年"之事不见于传世文献，因此引来学界的诸多猜测。②当然，关于"处于卫三年"的猜测放置两周之际郑武公为政的具体情况中解读更为有益。

　　第三则简文为《郑文公问太伯》，太伯追忆郑国先王武公的功业，主要是继承桓公奠定的基业，在西方、北方开疆拓土，稳定统治，使鲁、卫等诸侯前来朝觐，郑国小霸之业初步形成。简文分为三个层次概括郑武公对东迁后郑国国土的开拓。其一，"西城伊涧"，即在西边的伊水、涧水处筑城。其二，

---

①杨伯峻：《春秋左传注》，北京：中华书局，2016 年，第 55 页；《国语·周语中》，徐元诰撰，王树民、沈长云点校：《国语集解》，北京：中华书局，2002 年，第 45 页。
②就"处于卫三年"之事，李学勤、李守奎、晁福林等学者均提出了猜想。详见李学勤：《有关春秋史事的清华简五种综述》，《文物》，2006 年第 3 期；李守奎：《〈郑武夫人规孺子〉中的丧礼用语与相关的礼制问题》，《中国史研究》，2016 年第 1 期；晁福林：《谈清华简〈郑武夫人规孺子〉的史料价值》，《清华大学学报》，2017 年第 3 期。

"北就邬、刘，萦轵芬、邘之国"，邬、刘、芬、邘四地，即《左传·隐公十一年》所载周桓王用苏忿生之田所换郑国之地，可见四地皆近于成周。[1]第三，"鲁、卫、蓼、蔡来见"，说明郑武公之时郑国已然成为实力强劲的国家，正如简文（1）所载"郑武公亦正东方之诸侯"。

以上三则简文记述了两周之际复杂的历史以及郑武公时期的统治面貌，结合之前的分析，我们大体可以梳理出郑国东迁的情况：西周晚期，时任王朝司徒和郑国国君的郑桓公面对政治危局，考虑郑国的退路，史伯为之设计了东迁计划，即"寄帑虢、郐"，之后再灭虢、郐及周边城邑而东迁，桓公采纳其设计，以王朝司徒的身份"寄帑虢、郐"，虢、郐也果然接受。由此郑国东迁的第一步完成。西周灭亡以后，周平王与周携王二王并立，在风云际会的政局中，郑桓公并未跟随幽王殉周，而是趁机相继灭亡郐、虢，完成东迁。此时郑国的势力主要在虢、郐、函、訾区域，由此郑国东迁的第二步完成。

郑桓公去世后，其子郑武公掘突即位。武公时期"西城伊涧，北就邬、刘，萦轵芬、邘之国"，极大地扩大了桓公时期的领土，并与成周接壤。此时"鲁、卫、蓼、蔡"等诸侯归服于郑，即《系年》第2章所谓"郑武公亦正东方之诸侯"。由此郑国东迁的第三步完成。郑国从西周晚期的畿内诸侯，成功东迁，转化成为居天下之中的大国。

当然，郑武公能够获得"正东方之诸侯"的身份，与其积极辅佐平王东迁密切关联。简文（2）郑武公"处卫三年""陷于大难"，恐怕也与辅佐平王东迁时出现的艰辛相关。[2]武公的选择无疑是正确的，此事为郑国赚取了丰厚的政治资本——郑武公被任命为王朝卿士，掌管王朝事务，进而为郑庄公小霸奠定了基础。

---

[1]程浩：《从"逃死"到"扞艰"：新史料所见两周之际的郑国》，《历史教学问题》，2018年第4期。

[2]程浩：《从"逃死"到"扞艰"：新史料所见两周之际的郑国》，《历史教学问题》，2018年第4期。

第二节　清华简所见郑国由盛转衰时期的历史问题

郑国从西周晚期一个畿内诸侯，经过郑桓公、郑武公的精心布局与准确站位，不仅在两周之际的乱局中让郑国转型成畿外诸侯，拥有自己的发展空间，而且在云谲波诡的历史走势下，保持王朝司徒、执政卿士的权力中枢地位，这为郑庄公的霸业奠定了基础。在西周灭亡、齐桓公称霸之间的权力真空期，历史给了郑庄公大有作为的机会，但这一切的实现还有一个前提——国内政权的稳固。清华简《郑武夫人规孺子》和《郑文公问太伯》就涉及郑庄公稳固国内政局与开创霸业的内容。郑庄公死后，郑昭公、郑厉公、子亹、子仪相继即位或复辟，内斗不断，《系年》《郑文公问太伯》对相关问题也有所记载。以下分别论述。

一、清华简所见郑庄公即位初期的政局

关于郑庄公秉国，《左传》所记载的"郑伯克段于鄢"的故事可谓众人皆知。郑庄公为郑武公与武姜之子，由于庄公"寤生"，[1]武姜受到惊吓，便对其十分厌恶，而更偏爱其弟公子段。郑武公没有听从武姜的意见，仍旧以庄公为太子，武公死后，庄公即位。在武姜的指示下，庄公分封了弟弟段于京，公子段不断扩大京的规模，渐生叛乱之心。庄公没有听大夫们的劝言，纵容弟弟的发展，直到武姜与段合谋欲里应外合，推翻庄公时，庄公率先发兵平叛，并幽禁了母亲武姜。其后，在大夫颍考叔的建议下才母子团聚。上述历史叙事中，可以看到郑庄公即位后最大的问题便是母亲武姜与弟弟共叔段欲叛乱的问题，即君权稳固的问题。关于郑庄公的做法，以及相关历史地理等问题，学界已有

---

[1]寤生，当指婴儿出生时，目闭口喋，则犹如酣梦未醒。古人认为这样的孩子对父母有妨，故武姜受到惊吓。详见张泽渡：《"寤生"探诂》，《贵州大学学报》，2000年第1期。

详细的讨论，不再赘述。①

清华简《郑武夫人规孺子》记载了郑武公刚刚去世至郑庄公即位初期郑国的政事局势，是"郑伯克段于鄢"的前传，相关记载不见于传世文献，极富史料价值。简文过长，前章已述，兹不赘引。简文主要分为两部分，以下分述。

第一部分记载郑武公刚刚去世，郑武夫人武姜对即将即位的儿子郑庄公劝政。武姜主要从"属政于大夫""纠修宫中之政"等内容进行规劝，言辞乃为诚恳。她在最后说道："吾先君必将相孺子，以定郑邦之社稷。"可见武姜对郑庄公统治下的郑国也充满了期许。在听完母亲武姜的规劝之后，幼年庄公拜首，母子二人"乃皆临"，意思是都大为痛哭。

倘若未读过《左传》的相关记载，仅从清华简文中我们看到的就是一个优秀的女政治家对儿子亲政后的叮嘱与期待，看到了武姜与庄公的母子情深。而以传世文献观之，关于郑庄公与武姜、共叔段的关系一向为学界争议。清华简《郑武夫人规孺子》中反映的母子真情，为进一步解读相关问题提供新的线索。郑庄公即位之初，与母亲武姜关系尚为融洽。虽然，郑庄公"寤生"，令武姜厌恶，但是由于郑武公执意支持，郑庄公顺利地继承了国君之位。从上引简文来看，此时武姜对郑庄公应是抱有期许的，并对郑庄公如何执政提出了要求。当然，一些学者指出武姜言行是"一个精心策划的阴谋"，认为武姜通过追述武公三年处于卫，郑国由大夫执政的历史，告诫庄公属政于大夫的合理性，以此阻碍郑庄公亲政。②若这样解读便与《左传》"郑伯克段于鄢"中所塑造的人物形象相符，都刻画了武姜的冷漠与庄公的老成，或有一定道理。但也不能因此排除武姜与庄公母子的真实情感。笔者更倾向简文所载武姜言辞的正面价值，即武姜是出于利于郑国发展的目的，对郑庄公进行政治劝言。这当然不只

①苏勇：《周代郑国史研究》，吉林大学博士学位论文，2010年，第64—78页。
②李守奎：《〈郑武夫人规孺子〉中的丧礼用语与相关的礼制问题》，《中国史研究》，2016年第1期。晁福林也支持这种说法，详见晁福林：《谈清华简〈郑武夫人规孺子〉的史料价值》，《清华大学学报》，2017年第3期。

是基于主观猜测和个人的情感，一个与"阴谋论"同样不是实证的理由是：如果简文中武姜言辞真的是"阴谋"，武姜应该一面阻碍庄公亲政，笼络被属政的大夫；一面联络母国申国为外援，实现废长立幼，而不应是在属政大夫的同时，自己也只管宫闱之事，不问外朝。可见，这样的政治劝谏并非"精心策划"，而更倾向于由衷之言。并且，即便从《左传》中记载而言，武姜之形象也并非"精于谋划"之人，否则当公子段叛乱时，京邑何以马上叛乱倒戈，叛乱过程中又何以不见申国的踪影。从这里也可以反观，武姜确实没有拉拢郑国朝内的权臣，也没有外联母国，"精心策划"似乎难以成立。

第二部分记载郑庄公即位之初遵守武姜的政治规劝，"拱而不言"，将政事都托付于执政大夫，引起一些大夫们的担忧，于是其代表边父向庄公劝谏，希望其亲政，郑庄公则回绝了边父的建议。

边父，作为《郑武夫人规孺子》中极为重要的角色，史籍中却没有明确记载。学界关于边父的身份也多有讨论，较为有代表性的观点"祭仲"说和"公子吕"说。①比较两种说法，两说的观点虽然不同但是论证方法是一致的，即从边父名字入手分析，寻找关联，再联系边父的身份与拟定历史人物比对。就名字的联系而言，各种训诂都有文献依据，既无法证实也无法证误。所以两说优劣的关键还是在人物身份上。

依据简文记载，在庄公即位后仍"拱而不言"②，边父便与诸大夫们聚集商讨，并作为代表向庄公劝谏其亲政，可见边父确实是统治集团的核心成员。祭仲、公子吕的身份都是符合的。祭仲自不必多言，公子吕，字子封，是郑武公之弟，庄公的叔父。祭仲与公子吕在武姜与庄公内争之时都坚定地站在了庄

①"祭仲"说，可见陈伟：《郑伯克段"前传"的历史叙事》，《中国社会科学报》，2016年5月30日；"公子吕"说，可见程浩：《清华简新见郑国人物考略》，《文献》，2020年第1期。
②清华大学出土文献研究与保护中心编，李学勤主编：《清华大学藏战国竹简(陆)》，上海：中西书局，2016年，第104页。

公一方，因此无论从身份还是立场而言，两者都符合。据《史记·十二诸侯年表》记载，郑庄公元年，"祭仲相"，①而此时正是边父劝言庄公之时，两者关联的可能性似乎更大。然而，笔者认为虽然郑庄公元年，"祭仲相"，却并不意味着庄公刚一即位，祭仲便当了相，而这期间恰恰是庄公听命于武姜"拱而不言"，政事任由"二三大夫"处理的阶段。这期间郑国或原就有相，或就是二三大夫联合执政并无相，但以当时的情况看，祭仲不可能被立为新相。笔者认为当时最为核心的执政大夫正是庄公的叔父，宗室的权威公子吕。从后来的劝谏庄公提防武姜、共叔段叛乱来看，公子吕的地位显然要高于祭仲。面对日益坐大的共叔段，祭仲只以"先王之制"对庄公劝谏，而公子吕却直言"欲与大叔，臣请事之；若弗与，则请除之"。②这当然是宗室元老的风范，远非一个相可以比拟。

"公子吕"说的另一个理由是，简文记载边父劝谏庄公亲政时曾举例武公旧事，他说："昔吾先君使二三臣，抑早前后之以言，思群臣得执焉。"③显然此时的边父已然是武公统治集团的核心成员之一了，而祭仲彼时尚未当郑相。从后面的历史来看，祭仲年龄也应小于公子吕很多。综上，笔者倾向于"公子吕"说。

通过分析《郑武夫人规孺子》的两部分内容，可以看出在庄公即位前后，武姜与边父产生了政治上的分歧，即武姜希望庄公可以属政于大夫，而边父则劝谏庄公亲政。从庄公的反应来看，他是倾向于母亲武姜的。此时武姜与庄公的关系并非如同"郑伯克段于鄢"所记载那般疏远，反而显示出一种较为和谐的母子亲情。

然而，庄公即位后虽然表面上"拱而不言"，却任用任命年值青壮的祭仲

---

① [汉]司马迁：《史记》卷14《十二诸侯年表第二》，北京：中华书局，1959年，第541页。
② 杨伯峻：《春秋左传注》，北京：中华书局，2016年，第13页。
③ 清华大学出土文献研究与保护中心编，李学勤主编：《清华大学藏战国竹简(陆)》，上海：中西书局，2016年，第104页。

为相，在实际中试图亲政。这无疑让武姜心生不满，随着爱子段的成人，武姜与庄公渐生嫌隙。据《左传》记载，武姜为公子段请封，先请于"制"地，庄公认为此地为"岩邑"，虢叔在此死亡，便没有封给段。从"岩邑"可知，制是一个战略要地，而此虢叔便是前文郑武公所灭之东虢。作为一个刚被占领的战略要地，庄公没有轻易分封给段，说明他此时已然开始戒备武姜、段的势力了。其后，武姜为段请封"京"地，郑庄公才应允了请求。京者，大也，京邑是郑国较大的城邑。随着段分封在京地，他逐步走上了叛乱之路。郑庄公一面纵容公子段的行为，一面密切观察武姜、段势力的动向，最终在段叛乱之时，迅速平乱，幽禁武姜，至此兄弟、母子之情到达了冰点。

在以往的认知中，武姜多以偏心、冷漠的母亲形象出场，公子段则以"多行不义"的弟弟面目示人，而庄公则被刻画为阴毒老辣的政客形象。通过清华简《郑武夫人规孺子》的简文，综合传世文献细致分析可以发现，郑庄公与武姜、公子段冰冷的政治敌对中还有着一份血亲的温情。这样的亲情在传世文献中也能找到线索。据《左传》记载，庄公幽禁母亲武姜不久便心生愧意，很想见母亲，却碍于当时立下的誓词"不及黄泉，无相见也"，恰好此时郑国大夫颍考叔提出了"阙地及泉，隧而相见"①的策略，母子和好如初。那么庄公与弟弟段的结局怎样了呢？春秋三传对此记载有很大的不同。《左传》记载到庄公"克段于鄢"后，段跑到了共，其后庄公曾经对齐僖公及鲁隐公言："寡人有弟，不能和协，而使糊其口于四方。"②可见《左传》认为庄公存有兄弟之情，没有对段赶尽杀绝。而《公羊传》《穀梁传》均认为庄公杀了段。③此段仍被称为"共叔段"，以及武姜与郑庄公和好等因素来看，《左传》中的相关

---

① 杨伯峻：《春秋左传注》，北京：中华书局，2016年，第15—16页。
② 杨伯峻：《春秋左传注》，北京：中华书局，2016年，第80页。
③［清］阮元校刻：《十三经注疏·春秋公羊传注疏》，北京：中华书局，1980年，第2198页；［清］阮元校刻：《十三经注疏·春秋穀梁传注疏》，北京：中华书局，1980年，第2365页。

记载当为可信，即郑庄公放过了弟弟共叔段。

《郑武夫人规孺子》记载了"郑伯克段于鄢"之前的历史，为我们揭示了郑庄公即位之初的政治局势，填补了这段历史的空白，史料价值极高。结合《左传》等传世文献的相关记载，我们大致可以梳理出郑庄公即位初期大致的历史走向：武公死后，武姜劝谏庄公属政于大夫，庄公听从母亲的建议，此时庄公与武姜母子关系尚为融洽。庄公即位后，仍然"拱而不言"，其叔父公子吕，即边父作为宗室元老和执政大夫中的核心，向庄公劝谏让其亲政。从简文记载庄公的回答看，边父劝谏后的庄公是犹豫甚至拒绝的，但是庄公以任命年值青壮的祭仲为相的方式间接亲政，激起了武姜的不满，母子关系由此恶化，武姜心生改立共叔段之念。在"郑伯克段于鄢"后，庄公又原谅了母亲武姜和弟弟共叔段，郑国国内局势趋于稳定。

二、清华简所见郑庄公的霸业

郑庄公在政治权力逐步稳固之后，便开启了其霸业的征程，清华简《郑文公问太伯》对此进行了记载：

> 世及吾先君庄公，乃东伐齐鄯之戎为彻，北城温、原，遗阴、鄂次，东启隤、乐，吾逐王于葛。[1]

简文虽简短，却高度概括了庄公"小霸"的历程，简文主要记载了郑庄公小霸的两个事件——与周王室的恩怨和帮助齐国讨伐北戎，下文分述。

（一）郑庄公与王室的恩怨

上文已述，周平王东迁，主要依靠了郑国与晋国，郑武公担任王朝卿士，执掌王朝事务。[2]郑武公死后，郑庄公继承了郑武公王朝卿士的职位，并倚仗王室之职拓展郑国势力，周郑矛盾日益尖锐，最终爆发了

---

①清华大学出土文献研究与保护中心编，李学勤主编：《清华大学藏战国竹简（陆）》，上海：中西书局，2016年，第119页。
②段志洪：《周代卿大夫研究》，台北：台湾文津印行社，1994年，第55、65页。

繻葛之战。

进入春秋以来，郑庄公独揽周王室朝政，并在暗中扩张势力。[1]面对这一情势，晚年的周平王怀有戒心，打算暗中分权于虢。而在直面郑庄公的质疑时，周平王却矢口否认，以"无之"应对。郑国东迁后，随着王权的逐步衰落，周王与诸侯的关系已悄然发生了变化，为了安抚郑庄公，周王室与郑国进行了人质交换，即周平王将太子狐送往郑国作人质，郑庄公将太子忽（即日后的郑昭公）送往周王室作为人质，史称"周郑交质"。

关于周王室与郑国的这场人质交换，《左传》中的"君子"一语道破"天机"："信不由中，质无益也。"[2]所谓的"交质"，不过是彼此不信任基础上的相互制约，而非出于双方的信义。在传统的宗周礼乐文明中，周天子在法理上具有绝对的权威，他们不仅是天子，还是天下之大宗，是政治权威，宗教权威，也是道德权威。但是春秋初期的"周郑交质"事件彻底将周天子拉下"神坛"，变成了与诸侯们平起平坐的地位了。"信不由中"的交质行为当然不能化解周郑的矛盾，而郑庄公对周王室权威的冲击才刚刚开始。

公元前 720 年，"周郑交质"不久，周平王在内外交困中离开了人世。《史记·周本纪》记载："五十一年，平王崩，太子泄父蚤死，立其子林，是为桓王。桓王，平王孙也。"[3]周桓王即位后，与郑庄公爆发了一系列的冲突，从这些冲突中可以看出周桓王决策的冒失与郑庄公为政的老练。

一方面，周桓王意气太盛，频频对郑庄公出手。刚即位便先将王朝权力分给虢国，面对郑庄公的朝觐又"失礼"对待。而后，以所谓"苏忿生之田"的十二城邑，即温、原、绤、樊、隰郕、攒茅、向、盟、州、陉、隤、怀，换郑

---

① 《左传·隐公元年》："郑人以王师、虢师伐卫南鄙。"详见杨伯峻：《春秋左传注》，北京：中华书局，2016 年，第 20 页。
② 杨伯峻：《春秋左传注》，北京：中华书局，2016 年，第 29 页。
③ ［汉］司马迁：《史记》卷 4《周本纪第四》，北京：中华书局，1959 年，第 150 页。

国邬、刘、芴、邘四个十分重要且发达的城邑。①又，任命虢公为卿大夫，废除郑庄公王朝卿士的身份，并以郑庄公"不朝"为借口联合诸侯讨伐郑国。

另一方面，郑庄公对于强势的周桓王相对克制，同时又不断"挑衅"。周桓王分权虢公，郑庄公便派人收割了周王室的麦与禾以表示不满。而在京师饥荒之时，鲁国牵头送粮食给周王室，参与者便有郑国。②同年，郑庄公前往周王室第一次朝拜周桓王，以缓和关系。面对周桓王的"失礼"，郑庄公商议与鲁国交换土地以应对，激怒了周桓王。③周桓王正式任命虢公以分割郑庄公的权力。而郑庄公忍耐后，再次朝拜周桓王。④其后，面对周桓王的换土行为，郑庄公则正式与鲁国交换了土地。周桓王终于废除了郑庄公的卿士身份，而郑庄公则不再朝于周。

《左传·桓公五年》详细记载了周王室与郑国爆发的"繻葛之战"。周王室一方联合蔡、陈、卫三个小诸侯国，以虢公林父率领右军，蔡、卫附属，以周公黑肩率领左军，陈为附属，周桓王亲率中军。郑国一方独自应战，"曼伯为右拒，祭仲足为左拒，原繁、高渠弥以中军奉公……"⑤两军在"繻葛"对垒，战争一爆发周王室联军中实力较弱左右军便溃败，郑国三军合力击败了周之中军，周王室联军战败，郑庄公获胜。这场战争饶有深意，其一，周王室及蔡、陈、卫联军竟然敌不过郑国一军，可见经过两周之际后王室力量与郑国势力

---

①杨伯峻：《春秋左传注》，北京：中华书局，2016 年，第 83 页。周王室与苏氏的土地是有所争端的，相关问题可以参考于薇：《从王室与苏氏之争看周王朝的王畿问题》，《社会科学辑刊》，2008 年第 2 期。而周王室将有争议的土地与郑国发达的四个城邑交换显然是一种压制。
②杨伯峻：《春秋左传注》，北京：中华书局，2016 年，第 55 页。
③杨伯峻：《春秋左传注》，北京：中华书局，2016 年，第 62 页。
④杨伯峻：《春秋左传注》，北京：中华书局，2016 年，第 64 页。
⑤杨伯峻：《春秋左传注》，北京：中华书局，2016 年，第 113 页。

的此消彼长。其二，春秋初期的齐、鲁、宋、晋等国家并未站在王室一边，而是采取观望态度。其三，郑庄公虽然在战争最后给足了周桓王面子，但是繻葛之战表明，周王室已经彻底失去“礼乐征伐自天子出”[①]的实力了。

探究简文所提及郑国与周王室的关系问题，“北城温、原”，显然指上述周桓王换郑地所用“苏忿生之田”的两个重要城邑。“遗阴、鄂次”，就是指郑庄公失去了王室卿大夫的职位，将晋国“曲沃代翼”之事托付他人。“东启陨、乐”，“陨”也为“苏忿生之田”的一个城邑，即陨地，乐地不详，该句大概所指还是周桓王换地之事。“吾逐王于葛”，即繻葛之战。值得注意的是，上文已述周桓王换地、取消郑庄公卿大夫地位之事是周王室对郑国迅速发展的打压，而纵观简文上下，太伯跟郑文公历述先祖功绩，为何谈及此“丑事”呢？笔者认为，这里体现了太伯的说话技巧，即“北城温、原”，“遗阴、鄂次”，“东启陨、乐”均是铺垫，其真正要表达的只有“吾逐王于葛”。笔者认为，“繻葛之战”是郑庄公对郑国所做出的重大贡献，经此一战，郑国成为中原地区最具有势力的诸侯，在真正意义上成了“小霸”。然而，发展到了太伯的时代，齐桓、晋文开辟的“尊王”的霸业模式已经成了政治典范，贸然以“吾逐王于葛”为炫耀是不妥当的。因此，太伯在“吾逐王于葛”之前叙述了很多周桓王步步紧逼、郑庄公步步退让之事。

行文至此，我们可以看到，郑庄公之内政、外伐的功绩都有点道德上的“污点”。由于郑庄公为政确实客观地造成了为子不孝、为兄不友、为臣不忠的结果，因此，无论他平定武姜、共叔段之乱，还是对抗周王室，都采用“忍耐”+“挑衅”（或“诱导”）的方式，在掌控局势的情况下，尽量占据道德

①程树德撰，程俊英、蒋见元点校：《论语集释》，北京：中华书局，1990年，第1141页。

的高位，这是郑庄公为政的高明之处。

击败周王室联军后，郑庄公成了彼时最有势力的诸侯。而王室东迁衰弱之际，周边少数民族开始大肆侵伐诸夏地区，郑国也频频帮助其他诸侯国，以建立权威地位，其中郑国助齐伐北戎是代表性事件，也被清华简所记载。

（二）郑国助齐伐北戎

关于郑国助齐伐北戎之事，上述清华简简文记载"东伐齐之戎彻"，而《左传·桓公六年》对此事有更丰富的记载：

> 北戎伐齐，齐使乞师于郑。郑大子忽帅师救齐。六月，大败戎师，获其二帅大良、少良，甲首三百，以献于齐。于是诸侯之大夫戍齐，齐人馈之饩，使鲁为其班。后郑。郑忽以其有功也，怒，故有郎之师。公之未昏于齐也，齐侯欲以文姜妻郑大子忽。大子忽辞。人问其故。大子曰："人各有耦，齐大，非吾耦也。《诗》云：'自求多福。'在我而已，大国何为？"君子曰："善自为谋。"及其败戎师也，齐侯又请妻之。固辞。人问其故。大子曰："无事于齐，吾犹不敢。今以君命奔齐之急，而受室以归，是以师昏也。民其谓我何？"遂辞诸郑伯。[1]

北戎的问题十分复杂，关于其族属、活动区域及与山戎的关系等问题一直为学术界所争议，姚磊《先秦戎族研究》系统梳理了相关的文献与学术界的观点，可以参考，但相关问题仍未有实际的解决。[2]大致而言，北戎或谓山戎，"即春秋时之无终，地在今天津蓟县一带"。[3]春秋初期，王室衰微，诸侯正兴，蛮夷戎狄，交相侵伐，位于北方的北戎频繁南侵诸夏的诸侯。桓公六年（公元前706年）时，北戎便侵伐了齐国。此时，齐国正值齐僖公当政，齐僖公是

①杨伯峻：《春秋左传注》，北京：中华书局，2016年，第122—123页。
②姚磊：《先秦戎族研究》，兰州大学硕士学位论文，2014年，第189—194页。
③张广志：《西周史与西周文明》，上海：上海科学技术文献出版社，2007年，第242页。

与郑庄公并称的"小霸"之一。其在位期间，虽然齐国势力有了很大的发展，但是面对强悍的北戎，也无力抵挡，便向当时最有权势的郑国求救。

郑庄公经繻葛之战后，成了诸夏地区最有势力的诸侯，此时他担负起了霸主之责，派遣自己的太子忽率郑师去帮助齐国讨伐北戎。太子忽战胜了北戎，俘获了北戎的将领与甲士，献给了齐国。齐国将战利品分予诸侯，而分配的结果是以鲁国为先，郑国为后，这点引起了太子忽的不满，成了后来的军事冲突的诱因。

从清华简及《左传·桓公六年》的记载，可以看到郑国作为当时诸夏的霸主，确实担负起了"攘夷"的职责。郑庄公的繻葛之战和助齐伐戎，在一定程度上体现出了"尊王攘夷"的特征。虽然繻葛之战的结果是周王室联军的失败，周王室地位一落千丈，但郑庄公在形式上仍然维护了周桓王的尊严。由此，齐桓公日后开创的"尊王攘夷"的霸业方式，确实可以在更早的郑庄公那里看到痕迹。

《左传》在记述郑国太子忽助齐伐北戎之事时，特别强调了一场未成功的婚事，即齐僖公一直想把女儿文姜嫁给郑太子忽，但均被太子忽以不同的理由回绝了。《左传》"君子"的评价是"善自为谋"。太子忽没有与齐国结成姻亲，最后因外无扶持，在郑庄公去世后的群公子混乱中逐步走向了失败。与太子忽同样悲剧的还有"纵横一时，几于霸主"[1]的郑庄公霸业，也迅速终结。

三、清华简所见郑国的四公子之乱

郑庄公晚年，国内政治局势极为复杂，郑庄公虽然立公子忽为太子，但公子突、公子子亹均有"匹嫡"的资质。前文已述，郑太子忽拒绝了齐国的婚事，对此郑国权臣祭仲曾有劝言，《史记·郑世家》记载："时祭仲与俱，劝使取之，曰：'君多内宠，太子无大援将不立，三公子皆君也。'所谓三公子

---

①童书业：《春秋左传研究》，北京：中华书局，1980年，第42页。

者，太子忽，其弟突，次弟子亹也。"①清代学者高士奇在描述郑庄公晚年的政治局势时也说道："（庄公）不能崇固国本。内多宠嬖，三公子皆疑于君，至忽、突、子亹、子仪之际，争弑祸兴，国内大乱。"②郑庄公去世后，群公子及其背后的支持者们蠢蠢欲动，引发了四公子之乱。

据《史记·郑世家》记载，郑庄公死后，郑国经历了如下复杂的斗争：

第一，祭仲立、废郑昭公。祭仲是郑庄公极为信赖之人，早在郑庄公与共叔段斗争之时，祭仲便积极为庄公谋划。在周郑交恶之时，祭仲也在繻葛之战中发挥了极为重要的作用，并代表郑庄公劳军于周桓王。祭仲一直是郑庄公的亲信，甚至去邓国替郑庄公迎娶亲事。③郑昭公忽正是邓女之子。祭仲本是昭公坚定的支持者，所以在庄公为太子拒绝齐国婚事时，才忧虑地说出上文那番言论，遗憾的是太子忽并未听劝，因此失去了齐国的外援支持。相反，其弟公子突，母为宋国雍氏之女，素为宋国君主关爱，因此公子突有强势的外援为支撑。宋庄公敏锐地看到郑昭公唯一的依靠便是祭仲，只要控制住祭仲，便可扶持公子突即位。因此，便挟持了祭仲，逼迫他废黜昭公，迎立公子突。祭仲无奈同意了宋国的要求，昭公奔卫，公子突入主郑国为郑厉公。

第二，祭仲废厉公，高渠弥弑昭公。郑厉公即位后，面对权臣祭仲是心怀忌惮的，毕竟祭仲是昭公的支持者，只因宋国的挟持被迫拥立自己，于是郑厉公起了除掉祭仲的想法。厉公暗中让祭仲的女婿雍纠杀掉祭仲，雍纠将此事告诉了妻子雍姬。雍姬夹在夫父之间，难以抉择，便询问母亲的意见，其母言："父一而已，人尽夫也。"④于是雍姬向父亲祭仲告密，祭仲杀掉了女婿雍纠。郑厉公暗杀活动失败，便逃亡边邑栎，祭仲迎接郑昭公复辟。若事已至此，郑

①[汉]司马迁：《史记》卷42《郑世家第十二》，北京：中华书局，1959年，第1761页。
②[清]高士奇：《左传纪事本末》，北京：中华书局，2015年，第606页。
③[汉]司马迁：《史记》卷42《郑世家第十二》，北京：中华书局，1959年，第1761页。
④[汉]司马迁：《史记》卷42《郑世家第十二》，北京：中华书局，1959年，第1762页。

国便可获得稳定，但郑昭公素与大夫高渠弥有所嫌隙，高渠弥惧怕昭公复辟后对自己不利，便趁机弑君。执政卿祭仲不敢迎立郑厉公，便只能立厉公之弟子亹为君。此时，齐僖公已经过世，齐国国君是荒淫蛮横的齐襄公。齐襄公与郑君子亹儿时有仇，在一次诸侯会盟之时，子亹在高渠弥的陪同下与会，齐襄公竟然杀了子亹，车裂了高渠弥，①郑国国君再次空缺。

第三，郑厉公的复辟。子亹死后，祭仲又立子亹之弟子婴为君，郑国局势平稳十余年。关于子婴的名字，传世文献记载有所不同，《史记》作"子婴"②，《左传》作"子仪"③。在子婴为郑国国君期间，权臣祭仲去世了，逃亡在外的郑厉公抓住时机，完成了复辟。《史记·郑世家》记载："十四年，故郑亡厉公突在栎者使人诱劫郑大夫甫假，要以求入。假曰：'舍我，我为君杀郑子而入君。'厉公与盟，乃舍之。六月甲子，假杀郑子及其二子而迎厉公突，突自栎复入即位。"④郑厉公复辟后，郑国的四公子之乱告一段落，郑厉公死后，其子郑文公即位。值得注意的是，郑厉公复辟的当年，齐桓公也开始了自己的霸业。至郑文公即位之时，郑国已然处于晋楚争霸的夹缝之中了。

由此可见，郑国在庄公死后爆发的四公子之乱是郑国走向衰败的起点，清华简中对此内容也多有涉及。相关简文集中在清华简《系年》第2章和《郑文公问太伯》两篇文献。

《系年》第2章在叙述完两周之际纷繁错乱的历史后，对各个诸侯的情况予以大致的说明。有趣的是，简文对郑国历史进行了特别的说明：

> 武公即世，庄公即位；庄公即世，昭公即位。其大夫高之渠弥杀

---

① 《史记·郑世家》记载："子亹至，不谢齐侯，齐侯怒，遂伏甲而杀子亹。高渠弥亡归，归与祭仲谋，召子亹弟公子婴于陈而立之，是为郑子。"（[汉]司马迁：《史记》卷42《郑世家第十二》，北京：中华书局，1959年，第1763页）《左传》《系年》均记载高渠弥在会盟中当场被车裂。后者成书较早，且有两种文献互证，姑从之。
② [汉]司马迁：《史记》卷42《郑世家第十二》，北京：中华书局，1959年，第1763页。
③ 杨伯峻：《春秋左传注》，北京：中华书局，2016年，第166页。
④ [汉]司马迁：《史记》卷42《郑世家第十二》，北京：中华书局，1959年，第1763—

昭公而立其弟子眉寿。齐襄公会诸侯于首止，杀子眉寿，车辖高之渠

弥，改立厉公，郑以始正。①

简文记叙了郑国的世系：郑武公、郑庄公、郑昭公、子眉寿、郑厉公。这

样的世系与《史记·郑世家》的记载显然有所不同：其一，缺少了宋国挟持祭

仲改立郑厉公和郑厉公刺杀祭仲失败而逃之事；其二，《史记·郑世家》记载

郑君名子亹，简文记载为"子眉寿"；其三，传世文献记载子亹被齐襄公杀死

后，郑国立子亹之弟子婴为君，而简文对此缺乏记载。

《郑文公问太伯》也记载了郑国的四公子之乱。简文曰："世及吾先君昭

公、厉公，抑天也，其抑人也，为是牢鼠不能同穴，朝夕斗阋，亦不逸斩伐。"

②当然郑伯没有详细叙述动乱的过程，只说出了时人对四公子之乱的评价。清

华简文对四公子之乱的记载虽然简略，却极具历史价值，这主要体现在郑国世

系书写问题与四公子之乱原因的分析两个方面。

前文已述简文与传世文献关于郑国四公子之乱时期世系记载的诸多差异。

程浩曾对相关内容进行总结，详见下表：③

《左传》	庄公	昭公	厉公	昭公	子亹	子仪	厉公
《郑世家》	庄公	昭公	厉公	昭公	子亹	郑子婴	厉公
《十二诸侯年表》	庄公		厉公	昭公	子亹	郑子婴	厉公
《系年》	庄公	昭公			子眉寿		厉公
《郑文公问太伯》	庄公	昭公					厉公

①清华大学出土文献研究与保护中心编，李学勤主编：《清华大学藏战国竹简（贰)》，上
海：中西书局，2011年，第138页。
②程浩：《牢鼠不能同穴：基于新出土文献的郑国昭厉之乱再考察》，《史林》，2019年第
3期。
③刘文淇：《春秋左氏传旧注疏证》，北京：科学出版社，1959年，第132页。

其中，《左传》与《史记·郑世家》的记载大体相同，只是在"子仪""子婴"的名字上有所分歧。有学者指出："按仪同倪，倪即儿，小儿也，故《左》作仪，《史》作婴。"[1]可见"仪""婴"两字可为互训。《十二诸侯年表》无昭公第一次即位的记载，其他与《史记·郑世家》一致。除了传世文献出现的"子婴""子仪"之别，关于"子亹"的名字，简文与传世文献也有不同。如表，《系年》作"子眉寿"，传世文献均作"子亹"。简文"眉"作"𡤻"，应与"亹"字通假。[2]至于"寿"，当为子亹之字。在《诗经》以及西周金文中多有"眉寿"的表述，为固定的祝福语词，名"眉"，字"寿"，以字补名之含义符合古人取名、字的惯例。从这个角度而言，郑君子亹的名字应该为子𡤻（眉），字寿，亹乃𡤻的通假或误写。

不同于太伯叙事昭厉之乱的言辞简约，《系年》在昭厉之间还提到了"子眉寿"，那么意欲表述郑国四公子之乱世系复杂的《系年》又为何缺少诸多内容呢？这还要从清华简的性质说起。

清华简有多种形式的文本，包括书类文献、语类文献、史书文献、占卜类文献等，而这些文献涉及郑国时都会有"特殊的照顾"。比如，上述《系年》第2章中对晋国的表述为"晋人焉始启于京师"，对楚国的表述为"楚文王以启于汉阳"，几乎都是一句带过，但是提及郑国时，在"郑武公亦正东方之诸侯"后，又对庄公及之后的四公子之乱进行了叙事，足见对郑国的"别有用心"。相似的例子还有《良臣》。《良臣》对古代著名的君主的"良臣"予以罗列，虽然学界普遍认为其文本与三晋密切相关，[3]但从内容上看，《良臣》记载郑国君臣时，不仅列述郑定公之相，还撰记子产之师、子产之辅，亦体现了

---

[1]刘文淇：《春秋左氏传旧注疏证》，北京：科学出版社，1959年，第132页。
[2]清华大学出土文献研究与保护中心编，李学勤主编：《清华大学藏战国竹简（贰）》，上海：中西书局，2011年，第140页。
[3]马楠：《清华简〈良臣〉所见三晋〈书〉学》，《中国高校社会科学》，2013年第6期；刘刚：《清华叁〈良臣〉为具有晋系文字风格的抄本补证》，《中国文字学报》，2014年刊；杨蒙生：《清华简（叁）〈良臣〉篇管见》，《深圳大学学报》，2014年第2期。

郑国的特殊性。而清华简《郑武夫人规孺子》《郑文公问太伯》和《子产》篇如此集中地对郑国进行记载，相对于传世文献的比例而言，也突出了郑国的重要性。

郑国四公子之乱是郑国由盛到衰的转折点，事由郑厉公挑起，又由郑厉公收尾。因此，郑厉公一脉更在意叙事的正统性。《郑文公问太伯》言辞过简姑且不论，就《系年》第 2 章而言，简文缺少了宋国挟持祭仲改立郑厉公和郑厉公刺杀祭仲失败而逃之事，也缺乏郑厉公篡夺子婴之事。这些事件都是不利于郑厉公、郑文公一脉正统性构建的事件，简文均将之隐去，这是简文性质对其世系排序的影响，值得注意。

需要说明的是，上引《系年》记载"齐襄公会诸侯于首止，杀子眉寿，车辖高之渠弥，改立厉公"与传世文献记载差异较大。[1]有学者因此指出，齐襄公曾拥立身在栎的郑厉公，但是未获成功。实际上，齐襄公杀子亹确乎可证，但"改立厉公"却与史实严重不符。如前文所述，子亹死后，郑国乃是子婴即位，其后为郑厉公篡夺，整个事件中并未提及齐国。清华简所谓齐襄公"改立厉公"当非史事，也应是一种基于正统性观念的历史书写。由于清华简隐去了"子婴"即位的史事，同时也隐去了厉公篡位的史事，于是将厉公的即位归于齐襄公弑杀子亹后的结果，便可以将郑厉公的"不正当性"隐去。这样的解释既符合传世文献的记载，又与清华简的郑国倾向一致。

简文另一个值得注意的记载是关于高之渠弥的，即传世文献的高渠弥。高渠弥是郑国大夫，曾在繻葛之战为郑庄公立下战功，却与昭公有所嫌隙。在昭公复辟后，做出弑君之举。其后，与祭仲共同立子亹为君。《左传·桓公十八年》，子亹参加齐襄公举行的首止之会，高渠弥陪同。然而，子亹与齐襄公素有恩怨，襄公竟杀害子亹。而关于随行的高渠弥，史籍记载有所差异。《史

---

[1]清华大学出土文献研究与保护中心编，李学勤主编：《清华大学藏战国竹简（贰）》，上海：中西书局，2016 年，第 108 页。

记·郑世家》记载："子亹至，不谢齐侯，齐侯怒，遂伏甲而杀子亹。高渠弥亡归，归与祭仲谋，召子亹弟公子婴于陈而立之，是为郑子。"①而《左传·桓公十八年》却记载："秋，齐侯师于首止；子亹会之，高渠弥相。七月戊戌，齐人杀子亹，而辗高渠弥。"②《史记》认为高渠弥逃回郑国，还与祭仲共立公子婴为君，《左传》则认为高渠弥被当场车裂而亡，两者记载完全不同。清华简《系年》第2章记载："齐襄公会诸侯于首止，杀子眉寿，车辗高之渠弥。"与《左传》记载一致。《左传》《系年》成书均早于《史记》，且为互证，更可信从。若此，弑君之臣高渠弥最终也死于非命了。

关于四公子之乱的原因，《郑文公问太伯》有所表述，即"抑天也，其抑人也，为是牢鼠不能同穴"。太伯为文公时期老臣，必然亲历昭、厉之乱，他感叹"牢鼠不能同穴"，尤有现在的俗语"一山难容二虎"之意。实际上，《左传》《史记》均记载一个征兆，《左传·庄公十四年》载：

> 初，内蛇与外蛇斗于郑南门中，内蛇死。六年而厉公入。
>
> 公闻之，问于申繻曰："犹有妖乎？"对曰："人之所忌，其气焰以取之。妖由人兴也。人无衅焉，妖不自作。人弃常，则妖兴，故有妖。"③

郑国在昭、厉之乱时出现了内外两蛇争斗的异象，最后外蛇获胜，而后流亡在外的郑厉公成功归国。鲁国君主好奇此事，询问大夫申繻："难道真的有所谓的异象吗？"申繻回答："异象由人所兴，人无非分之想，异象就不会出现。人如果放弃了纲常之念，则异象丛生。"申繻直指异象的本质，即郑国两蛇之斗实际上是厉公篡夺正统而人为造作的，犹如后世陈胜之"鱼腹""狐鸣"。

---

①[汉]司马迁：《史记》卷42《郑世家第十二》，北京：中华书局，1959年，第1763页。
②杨伯峻：《春秋左传注》，北京：中华书局，2016年，第165—166页。
③杨伯峻：《春秋左传注》，北京：中华书局，2016年，第214页。

郑之太伯以"牢鼠不能同穴"指出，郑国内乱是由两强相争而起，言辞尚为委婉，鲁之申繻则无须顾及，直言"外蛇"获胜的本质，即郑厉公的"弃常"是引起郑国内乱的原因。一鼠、一蛇揭示了时人对郑国内乱原因的看法。当然，无论两强相争还是厉公为乱，这都是郑国四公子之乱的直接原因。程浩在此基础上，更深层地挖掘了郑国四公子之乱的原因，即太伯所谓"抑天也"，大概是指春秋社会变迁的形势，尤其指权臣专政现象；"抑人也"是说当事人，尤其是郑庄公"多内宠"也有不可推卸的责任。①其论甚为精湛，于此无有补说，从之。

综上，清华简《系年》《郑文公问太伯》等新出文献对郑国四公子之乱的过程、原因探究均有价值。郑厉公死后，其子郑文公即位，郑国世系终趋于平稳，诚如《系年》第2章所谓"郑以始正"。然而四公子之乱对郑国的影响是极大的，清代学者顾栋高曾言："入春秋后，庄公以狙诈之姿，倔强东诸侯间。是时楚僻处南服，而晋方内乱，庄公与齐、鲁共执牛耳。其子昭公、厉公，俱枭雄绝人。使其兄弟辑睦，三世相继，郑之图伯未可知也。"②随着齐国、晋国和楚国等大国竞相崛起，郑国失去了东山再起的可能，终在大国争霸的历史夹缝中衰败而亡。

第三节　清华简所见郑国衰落至灭亡时期的历史问题

郑国内斗止于郑厉公一系，却沦为了晋楚争霸的附庸，在大国争霸间与曹、宋、卫等国"朝晋暮楚"，采取"事大"之策以苟全。国内而言，虽然郑国国内没再发生太大的动乱，且有子产这样的名臣出现，使日渐衰弱的郑国政

---

① 程浩：《牢鼠不能同穴：基于新出土文献的郑国昭厉之乱再考察》，《史林》，2019年第3期。
② ［清］顾栋高辑，吴树平、李解民点校：《春秋大事表》，北京：中华书局，1993年，第536页。

治有所生机，但春秋中晚期郑国国内的政治被"七穆"操控，出现了与鲁国相似的公室衰弱情况。清华简《系年》《良臣》《郑文公问太伯》《子产》《晋文公入于晋》等文献对此段历史均有所涉及。

在战国初期开启的"古今一大变革之会"，[①]郑国国内出现了严重的政治危机，但采取了错误的外交策略。内在危机主要体现在郑哀公为郑人所弑杀，其叔父郑共公即位。郑共公死后，其子幽公又被韩武子入侵所杀，幽公弟郑繻公即位。郑繻公又被郑人子阳之党弑杀，其弟郑君乙即位。由此可见，郑国晚期国内出现了严重的政治动乱。外部环境则更为糟糕。三家分晋后，新兴的韩国不断侵蚀郑国的土地，郑国在大国争霸中摇摆不定，最终为韩哀侯所灭。清华简《系年》第 22 章、23 章对战国时期郑国历史的记载弥补了传世文献对此一时期历史记载的空白，提供了诸多线索，尤有意义。

由于下一章将着重记载子产执政时期的情况，故本节结合清华简文与传世文献，只对春秋大国争霸格局中的郑国以及战国初期郑国的灭亡两个问题进行考察。

一、清华简所见春秋大国争霸格局中的郑国

郑国在两周之际以"东迁"的方式成功地完成了由畿内诸侯到畿外诸侯的转化，在这一过程中，郑桓公、郑武公大抵按照周史伯的规划而行。前文已述，史伯所指虢、郐之地虽然靠近成周，居于诸夏的中心区域，且远离秦、晋、齐、楚等或顽或亲的诸侯，有一定的地理优势，郑庄公称霸正是以此为基点。但是，经过四公子之乱，郑国国力衰退，周边大国相继崛起，在这样的情势下，郑国的地理位置已然成了郑国发展的严重阻碍。《春秋大事表》中王葆认为："齐方图伯，楚亦浸强，北伐不已，陈、蔡、郑、许适当其冲，郑之要

---

① [清]王夫之：《读通鉴论》，北京：中华书局，1975 年，第 2649 页。

害，尤在所先，中国得郑则可以拒楚，楚得郑则可以窥中国。故郑者，齐、楚必争之地也。"①可见，此时的郑国已然成了大国图霸的必争之地。

在这样严峻的外部环境下，郑国内部也出现了诸多问题。郑厉公死后，春秋之世，文公、穆公、灵公、襄公、悼公、成公、僖公、简公、定公、献公、声公、哀公相继即位，其中只有灵公、襄公与悼公、成公之间为兄终弟及，其他均为父死子继，从君位继承的角度看，郑国的国内局势是较为稳定的。但是，与晋、鲁等诸侯国相似，郑国在春秋中后期也出现了世卿掌权的局面，这一局面便体现在郑穆公的七个后代，史称"七穆"。②"七穆"之间互相合作、互相竞争，成了郑国内政的最主要力量，其中的代表人物子产改革政治，为郑国局势带来一线希望。

（一）齐桓公称霸时期的郑国

郑厉公复辟后，齐桓公开始其霸业。齐国是周王朝功臣姜太公的封国，沿海有鱼盐之利，经济富庶，且社会风气较为开放。《史记·齐太公世家》记载："太公至国，修政，因其俗，简其礼，通商工之业，便鱼盐之利，而人民多归齐，齐为大国。及周成王少时，管蔡作乱，淮夷畔周，乃使召康公命太公曰：'东至海，西至河，南至穆陵，北至无棣，五侯九伯，实得征之。'齐由此得征伐，为大国。"③春秋初期，王室衰微，齐国在齐庄公、齐僖公的统治之下有了长足发展，但这一时期诸夏地区最具实力者还是郑庄公统治下的郑国。此时，南方的荆楚、北方的北狄趁机侵伐中原诸国，诚如《公羊传》所比喻："南夷与北狄交，中国不绝若线。"④就在此时，齐桓公在管仲改革的基础上"尊王攘

---

① ［清］顾栋高辑，吴树平、李解民点校：《春秋大事表》，北京：中华书局，1993 年，第 1954 页。

② 杨伯峻：《春秋左传注》，北京：中华书局，2016 年，第 1233 页。

③ ［汉］司马迁：《史记》卷 32《齐太公世家第二》，北京：中华书局，1959 年，第 1480—1481 页。

④ ［清］阮元校刻：《十三经注疏·春秋公羊传注疏》，北京：中华书局，1980 年，第 2249 页。

夷"，成为春秋历史上第一位霸主。所谓"尊王"，即在名义上尊重周天子的地位，所谓"攘夷"便是联合诸侯讨伐北狄、荆楚等周边入侵的少数民族。可以说，齐桓公对北狄的讨伐是十分成功的，但是面对荆楚则难以造成实际上的打击。

不同于西戎、北狄，楚人本是华夏族的一支，且在西周初年被周王朝正式分封为诸侯国。据楚人自己的说法，他们是祝融之后，流入南蛮之地，殷周之际楚人辅佐周人推翻商王朝，却没有得到相应的待遇，只被封为子爵。周昭王时期，荆楚反叛，周昭王亲征，返程中落水而亡。周夷王时期，王室中衰，楚熊渠以"我蛮夷也，不与中国之号谥"①为由，竟分封自己三个儿子为王，公然僭越王权。周厉王期间，熊渠怕厉王暴虐，便撤销了儿子们的王号，可见楚人对周王室还是心存忌惮。两周之际，楚人抓住了时机，所谓"若敖、蚡冒筚路蓝缕以启山林"②，势力空前提升。而后，春秋时代楚武王正式称王，经过武王、文王的经营，到了楚成王时期，楚国已然成为当时最强大的诸侯了，史载"汉阳诸姬，楚实尽之"③。而从楚成王"布德施惠，结旧好于诸侯"④，且获得周王赐胙来看，楚人已然不同于其他南方部族了，而是获得了周王室的认可。⑤从这个角度而言，齐、楚的矛盾便不是"攘夷"，而是诸侯争霸。

齐、楚两强相争的局面已经不可避免，而郑国正夹在其间。《左传》的一段记载颇能说明齐楚争霸时郑国摇摆不定的情况，"文公二年六月壬申，朝于齐。四年二月壬戌，为齐侵蔡，亦获成于楚"。⑥国力日渐衰落的郑国在齐、楚

---

① ［汉］司马迁：《史记》卷 40《楚世家第十》，北京：中华书局，1959 年，第 1692 页。
② 杨伯峻：《春秋左传注》，北京：中华书局，2016 年，第 798 页。
③ 杨伯峻：《春秋左传注》，北京：中华书局，2016 年，第 501 页。
④ ［汉］司马迁：《史记》卷 40《楚世家第十》，北京：中华书局，1959 年，第 1697 页。
⑤ ［汉］司马迁：《史记》卷 40《楚世家第十》，北京：中华书局，1959 年，第 1697 页。
⑥ 杨伯峻：《春秋左传注》，北京：中华书局，2016 年，第 685 页。此时，晋楚争霸，在一次会盟上，晋灵公怨恨郑国二于楚，便没有接见郑穆公。于是郑国大夫子家写信给晋国执政赵盾，大意就是郑国处在大国之间的无奈，还追忆了郑文公时代在齐、楚之间的摇摆。赵盾看罢，深刻理解了郑国的境遇，便与之和解。

争霸之时，只能左右摆动，徘徊不定，而齐、楚两国也纷纷施压。鲁庄公二十七年，齐、鲁、宋、陈、郑"同盟于幽，陈、郑服也"。①郑国由此加入齐国阵营，这样的做法引来了楚国的讨伐：

> 秋，子元以车六百乘伐郑。（《左传·庄公二十八年》）

> 秋，楚人伐郑，郑即齐故也。（《左传·僖公元年》）

> 冬，楚人伐郑，斗章囚郑聃伯。（《左传·僖公二年》）

> 楚人伐郑，郑伯欲成。（《左传·僖公三年》）

面对楚国的持续进攻，郑国最终也难以承受了。终于在鲁僖公三年（公元前657年），郑国君主萌生了与楚国和解，并投靠楚国的意图。此时，郑国的君主正是清华简《郑文公问太伯》中的郑文公。简文记载郑国元老太伯垂暮之时，郑文公向其询问政治遗嘱，太伯在追述郑国桓公、武公、庄公的发展以及昭、厉之乱后，嘱咐文公要勤政，并推荐孔叔、佚之夷、师之佢鹿、堵之弥四人主管外政，推荐詹叔主管内政。②在齐、楚争郑，郑文公犹豫不决之时，正是孔叔坚定了郑国跟随齐国的信心，他说："齐方勤我，弃德，不祥。"③从后来发展的形势看，郑文公确实听取了孔叔的建议，而且历史也证明了孔叔的建议是正确的。

鲁僖公四年（公元前656年），齐桓公率领诸侯联军开启了伐楚的进程，《史记·郑世家》记载："文公十七年，齐桓公以兵破蔡，遂伐楚，至召陵。"④《齐太公世家》《楚世家》记载较为丰富，但都本于《左传·僖公四年》：

> 四年春，齐侯以诸侯之师侵蔡。蔡溃，遂伐楚。楚子使与师言

---

① 杨伯峻：《春秋左传注》，北京：中华书局，2016年，第256页。

② 清华大学出土文献研究与保护中心编，李学勤主编：《清华大学藏战国竹简（陆）》，上海：中西书局，2016年，第119页。

③ 杨伯峻：《春秋左传注》，北京：中华书局，2016年，第313页。

④ [汉]司马迁：《史记》卷42《郑世家第十二》，北京：中华书局，1959年，第1765页。

曰：“君处北海，寡人处南海，唯是风马牛不相及也，不虞君之涉吾地也，何故？”管仲对曰：“昔召康公命我先君大公曰：‘五侯九伯，女实征之，以夹辅周室。’赐我先君履，东至于海，西至于河，南至于穆陵，北至于无棣。尔贡包茅不入，王祭不共，无以缩酒，寡人是征。昭王南征而不复，寡人是问。”对曰：“贡之不入，寡君之罪也，敢不共给。昭王之不复，君其问诸水滨。”师进，次于陉。

夏，楚子使屈完如师。师退，次于召陵。齐侯陈诸侯之师，与屈完乘而观之。齐侯曰：“岂不穀是为？先君之好是继，与不穀同好如何？”对曰：“君惠徼福于敝邑之社稷，辱收寡君，寡君之愿也。”齐侯曰：“以此众战，谁能御之？以此攻城，何城不克？”对曰：“君若以德绥诸侯，谁敢不服？君若以力，楚国方城以为城，汉水以为池，虽众，无所用之。”屈完及诸侯盟。①

齐、楚两大国的争霸本质是实力的较量，但都在努力彰显自己的正义性。齐国方面，面对楚国“风马牛不相及”的质疑，管仲以周初“五侯九伯，女实征之”的势力范围予以回答，并说明讨伐楚国的两个原因，即“包茅不入”与“昭王不复”。齐国给出的一个权限和两个理由都与周王室有关，齐国打着周王室的旗号率领诸侯联军伐楚，占尽了道义。面对齐桓公的有理有势，楚国不卑不亢：先承认小罪，即不给予周王室的朝贡，并承诺以后会进贡包茅；再拒绝大罪，即“昭王不复”之罪，因为这个历史遗留问题楚国无法弥补；最后，以屈完赴齐，在齐国夸耀军队强大之时，劝齐桓公“以德绥诸侯”，并展现楚国应战的决心。最终，两强势力相当，面对楚国的“示弱”，齐桓公没有与楚开战，两国达成召陵之盟。此后，齐国在葵丘之盟上成为诸夏地区的霸主，楚国暂时停止了北上的步伐，②保留了实力。清人顾栋高认为：“齐桓之志，志在

---

①杨伯峻：《春秋左传注》，北京：中华书局，2016年，第315—320页。
②李玉洁认为：召陵之盟确实在一定程度上阻止了楚国的向北进军。详见李玉洁：《楚国史》，开封：河南大学出版社，2002年，第111页。

服郑而已。"①从齐楚争霸对郑国的争取而言，此说尤为精确。

在此阶段，郑国虽然有所动摇，如周王室为打压齐国，挑唆郑国背齐投楚，郑国出现摇摆，②但是很快又坚定地跟随齐国，《左传》记载：

> 鲁僖公七年（公元前 653 年），郑伯使请盟于齐。
>
> 鲁僖公八年（公元前 652 年），郑随齐国拥立周王。
>
> 鲁僖公九年（公元前 651 年），郑国参加齐桓公的"葵丘之盟"。
>
> 鲁僖公十三年（公元前 647 年），郑国参加齐国之会盟于"咸里咸"。
>
> 鲁僖公十五年（公元前 645 年），郑国参与齐国之会盟于牡丘。
>
> 鲁僖公十七年（公元前 643 年），郑国参与齐国之会盟于淮。

在齐桓公称霸阶段，郑国总体跟从齐国，取得了外交上的成功。但是，随着管仲的去世，齐桓公晚年轻信佞臣，未得善终。齐桓公死前，齐国便陷入了群公子的混战之中，国势衰败了。鲁僖公十七年（公元前 643 年），齐桓公去世；转年，郑国迅速投向了楚国的怀抱，郑文公"始朝于楚，楚子赐之金，既而悔之，与之盟曰：'无以铸兵！'故以铸三钟"。③与此同时，宋襄公试图接续齐桓公霸业，却被楚成王击败于泓水，楚国的势力再次北进，而郑国彻底依附楚国，直至晋文公崛起。

（二）晋文公称霸时期的郑国

清华简《郑文公问太伯》中，太伯劝诫要重用孔叔、佚之夷、师之佰鹿、詹父等贤良，从上文孔叔劝谏郑文公跟从齐国可知，太伯所言不虚。郑文公时代，郑国虽然衰落，要依附大国，但仍是人才辈出的。太伯所嘱内政者——叔詹，也是极有政治建树之人。郑文公正是在这些大臣的辅佐下，在齐楚之间游刃有余，确保了郑国的政治安全。但是，在一次事件中，郑文公没有听从叔詹

---

① ［清］顾栋高辑，吴树平、李解民点校：《春秋大事表》，北京：中华书局，1993 年，第 1951 页。

② 《左传·僖公五年》记载："秋，诸侯盟。王使周公召郑伯，曰：'吾抚女以从楚，辅之以晋，可以少安。'郑伯喜于王命，而惧其不朝于齐也，故逃归不盟。"杨伯峻：《春秋左传注》，北京：中华书局，2016 年，第 334 页。

③ 杨伯峻：《春秋左传注》，北京：中华书局，2016 年，第 412 页。

之言，直接导致郑国陷入晋、楚争霸的旋涡之中。

而就在齐楚争雄，齐桓首霸之时，晋国在晋献公的带领下迅速扩张。晋国是周武王的后代，周成王年幼时与其弟叔虞玩闹，将桐叶予之，戏言封之为君。及成王年长，史官以"君无戏言"要求成王兑现承诺。成王将其弟封于唐，即唐叔虞，史称"桐叶封弟"。其子燮迁入晋水附近，改唐为晋。西周晚期至春秋早期，晋国发生了内乱，原为晋国宗室的晋文侯一系被其弟曲沃成师一系篡夺。这一过程历经数代，直至曲沃武公时完成，曲沃武公摇身变为晋武公。其子晋献公设置"二军"，"并国十七，服国三十八"，[1]使晋国迅速壮大起来。但从晋献公晚年想要带病前往葵丘之盟来看，晋国虽然强大但仍不及齐桓公的实力。晋献公晚年，由于受骊姬挑唆，太子申生自杀，公子重耳、夷吾外逃，国内局势出现混乱。公子重耳亦开始长达 19 年之久的流亡，历经翟、卫、齐、曹、宋、郑、楚、秦等国，[2]在翟、齐、宋、楚、秦均受到礼遇，但是在卫、曹、郑则受到了冷遇甚至侮辱。而清华简《系年》第 6 章记载"（晋文公）适郑，郑人弗善"，简明地概述了郑文公对流亡的重耳的轻慢。《左传·僖公二十三》对此记载更为丰富：

> 及郑，郑文公亦不礼焉。叔詹谏曰："臣闻天之所启，人弗及也。晋公子有三焉，天其或者将建诸，君其礼焉！男女同姓，其生不蕃。晋公子，姬出也，而至于今，一也。离外之患，而天不靖晋国，殆将启之，二也。有三士，足以上人，而从之，三也。晋、郑同侪，其过子弟固将礼焉，况天之所启乎！"弗听。[3]

清华简《郑文公问太伯》中太伯所委以重托的叔詹，乃郑国公室，郑文公

---

① ［清］王先慎撰，钟哲点校：《韩非子集解》，北京：中华书局，1998 年，第 368 页。
②关于重耳的流浪路线，《左传》《史记》与《国语》素有不同，清华简《系年》记载的路线又不一致，引起了学术界的讨论。详见王红亮：《清华简与晋文公重耳出亡系年及史事新探》，《史学月刊》，2019 年第 11 期。
③杨伯峻：《春秋左传注》，北京：中华书局，2016 年，第 446 页。

之弟，才能出众，颇具卓识。重耳流亡至郑国，郑文公轻慢，叔詹认为重耳受到上天眷顾，并以三个理由谏言，终为郑文公拒绝。《国语·晋语》对此事的记载更为详细、全面：

> 公子过郑，郑文公亦不礼焉。叔詹谏曰："臣闻之：亲有天，用前训，礼兄弟，资穷困，天所福也。今晋公子有三祚焉，天将启之。同姓不婚，恶不殖也。狐氏出自唐叔，狐姬，伯行之子也，实生重耳。成而隽才，离违而得所，久约而无衅，一也。同出九人，唯重耳在，离外之患，而晋国不靖，二也。晋侯日载其怨，外内弃之；重耳日载其德，狐、赵谋之，三也。在《周颂》曰：'天作高山，大王荒之。'荒，大之也。大天所作，可谓亲有天矣。晋、郑兄弟也，吾先君武公，与晋文侯勠力一心，股肱周室，夹辅平王，平王劳而德之，而赐之盟质，曰：'世相起也。'若亲有天，获三祚者，可谓大天。若用前训，文侯之功，武公之业，可谓前训。若礼兄弟，晋、郑之亲，王之遗命，可谓兄弟。若资穷困，亡在长幼，还轸诸侯，可谓穷困。弃此四者，以徼天祸，无乃不可乎？君其图之。"弗听。

> 叔詹曰："若不礼焉，则请杀之。谚曰：'黍稷无成，不能为荣。黍不为黍，不能蕃庑。稷不为稷，不能蕃殖。所生不疑，唯德之基。'"公弗听。①

《国语·晋语》更清楚地说明了叔詹认为重耳获得天命的三个理由：其一，古语所谓"同姓不婚"，害怕子孙不昌盛。重耳父族为姬姓，母族狐氏亦为姬姓，作为同姓之后的重耳虽然身处流亡之境，却身体康健，重耳有继位的身体条件。其二，重耳兄弟九人，目前只有重耳在世流浪，但是晋国国内政局仍然不安稳，重耳有继位的政治条件。其三，晋国国内怨声载道，重耳却深得人们爱戴，且有赵衰、狐偃等良臣辅佐，重耳有继位的"人和"条件。这样的分析

---

① 徐元诰撰，王树民、沈长云点校：《国语集解》，北京：中华书局，2002年，第330—331页。

足见叔詹对晋国国内政治局势的了解，而此时的郑国其实已经归服于楚国了。郑文公虽然平庸，却并非愚蠢之辈，他没听叔詹的劝谏，一方面是看到重耳流亡的狼狈，没有想到他可以真的归国，另一方面，郑文公一心归楚，没有对正在崛起的晋国保持敏感的认知。

面对君主的无视，叔詹又反过来劝言，建议如果不礼遇重耳，不如杀之。叔詹的灼见终未被采纳，郑文公和郑国也将为自己的错判付出惨重的代价。重耳终大器晚成，归国后成了赫赫有名的晋文公。他执政期间重用赵衰、狐偃、胥臣等追随者，团结国内的栾氏、郤氏等力量，进行政治军事改革，使晋国从二军扩为三军。在晋国逐渐成为诸夏霸主的过程中，郑国始终跟随楚国。随着晋楚争霸愈演愈烈，郑国不可避免地夹在其中，成为大国政治军事博弈的对象。①

鲁僖公二十八年（公元前 632 年），晋、楚两大军事集团爆发了城濮之战。两大阵营几乎囊括了当时所有大国：

	晋国	楚国
《左传》	《僖公二十八年》夏四月戊辰，晋侯、宋公、齐国归父、崔夭、秦小子憖次于城濮。	《僖公二十八年》己巳，晋师陈于莘北，胥臣以下军之佐当陈、蔡；陈、蔡奔，楚右师溃。乡役之三月，郑伯如楚致其师。
《国语》	《晋语四》文公立四年，楚成王伐宋，公率齐、秦伐曹、卫以救宋。	《晋语四》是楚一言而有三施，子一言而有三怨，怨已多矣，难以击人。（三：曹、卫、宋）
《史记》	《晋世家》：四月戊辰，宋公、齐将、秦将与晋侯次于城濮。	《晋世家》：初，郑助楚，楚败，惧，使人请盟晋侯。
《系年》	文公率秦、齐、宋及群戎之师以败楚师于城濮，遂朝周襄王于衡雍，献楚俘馘，盟诸侯于践土。	令尹子玉遂率郑、卫、陈、蔡及群蛮夷之师以交文公。

①明代学者卓尔康对郑国重要的战略地位有精要的评述："陈、郑、许皆在河南为要枢，郑处其西，宋处其东，陈其介乎郑、宋之间。得郑则可以致西诸侯，得宋则可以致东诸侯。"详见〔清〕顾栋高辑，吴树平、李解民点校：《春秋大事表》，北京：中华书局，1993 年，第 1997 页。

　　传世文献对两阵营成员的记载不够清晰，清华简《系年》中则较清晰记载了。楚国联盟众多，包括郑、卫、陈、蔡以及群蛮夷；晋国联盟较少，却都是大国，包括秦、齐、宋以及群戎。郑国选择站队楚国，《左传·僖公二十八年》记载"郑伯如楚致其师"①，可见郑国追随楚国之紧密。

　　然而城濮之战，晋军获胜，楚军战败，晋文公顺势稳定诸侯，举行"践土之盟"。清华简《晋文公入于晋》也记载：晋文公"败楚师于城濮，建卫，成宋，围许，反郑之陴。"②清华简《系年》第 7 章记载：晋文公"败楚师于城濮，遂朝周襄王于衡雍，献楚俘馘，盟诸侯于践土。"③晋文公一战而霸诸侯，诸夏形势顷刻转换，郑国"惧，使人请盟晋侯"。④晋国与郑国会盟，并在给周王室献楚俘时，采用周平王时期的礼仪，让"郑伯传王"，杨伯峻指出："郑文公为周襄王之上相，亦犹周平王之于晋文侯仇，以郑武公为相。"⑤

　　城濮之战后，在重整诸侯秩序的需求下，晋文公暂时与郑国达成了和解，但是无论是晋文公个人，还是晋、楚争霸的需要，晋国必须严惩郑国，让其成为对抗楚国的先锋，或与楚国对抗的缓冲。《左传》记载："公会王子虎、晋狐偃、宋公孙固、齐国归父、陈辕涛涂、秦小子慭盟于翟泉，寻践土之盟，且谋伐郑也。"⑥可见在践土之盟的第二年，晋国便联合诸侯谋伐郑国了。鲁僖公三十年（公元前 630 年），晋文公联合秦国一起讨伐郑国，理由便是"以其无礼于晋，且贰于楚也"。⑦晋、秦军分别驻扎在郑国北面的函陵和氾水南，两军夹击，郑国危在旦夕。此时郑国大夫烛之武挺身而出，前往秦军阵营晓以利

---

①杨伯峻：《春秋左传注》，北京：中华书局，2016 年，第 505 页。
②清华大学出土文献研究与保护中心编，李学勤主编：《清华大学藏战国竹简（柒）》，上海：中西书局，2017 年，第 101 页。
③清华大学出土文献研究与保护中心编，李学勤主编：《清华大学藏战国竹简（贰）》，上海：中西书局，2011 年，第 153 页。
④［汉］司马迁：《史记》卷 39《晋世家第九》，北京：中华书局，1959 年，第 1666 页。
⑤杨伯峻：《春秋左传注》，北京：中华书局，2016 年，第 506 页。
⑥杨伯峻：《春秋左传注》，北京：中华书局，2016 年，第 520 页。
⑦杨伯峻：《春秋左传注》，北京：中华书局，2016 年，第 523 页。

弊，秦军退兵。晋文公见状，提出让跟随晋文公多年，深受晋文公喜爱的郑文公之子公子兰为郑国太子。郑文公同意了晋文公的政治诉求，于是晋国也退兵而还，这样便将郑国牢牢控制在晋国一方。

（三）秦穆公争霸时期的郑国

随着秦国的崛起，秦、晋矛盾日益加剧，而这对矛盾与郑国密切相关。秦国先祖本是商人的一支，为东夷部族，在商末周初的权力动荡中，秦人先祖站在商人一边，被周人惩处，流放至西北。清华简《系年》第3章概述了秦人由东而西迁徙的历史，简文载："成王屎伐商邑，杀彔子耿。飞廉东逃于商盖氏，成王伐商盖，杀飞廉，西迁商盖之民于邾虘，以御奴虘之戎，是秦之先人，世作周屈。"①由于秦人为周王室养马有功，且为周人抵御西戎的缓冲地带，秦人在西周时期逐渐取得周人的信任，有了一定的发展。秦国崛起的标志性事件是西周的灭亡与平王东迁。《史记·秦本纪》记载："周避犬戎难，东徙洛邑，襄公以兵送周平王。平王封襄公为诸侯，赐之岐以西之地。曰：'戎无道，侵夺我岐、丰之地，秦能攻逐戎，即有其地。'与誓，封爵之。襄公于是始国，与诸侯通使聘享之礼。"②《系年》第3章也记载："周室既卑，平王东迁，止于成周，秦仲焉东居周地，以守周之坟墓，秦以始大。"③秦襄公之后，历经文公、静公（未继位）、宁（宪）公、出子、武公、德公、宣公、成公的经营拓展，秦国终于稳固了统治。到秦穆公时，秦国开始介入东方诸侯们的争霸活动，而秦穆公直面的，正是走向霸业途中的晋国。

面对日益崛起的晋国，秦穆公采用的策略是，通过联结婚姻影响晋国内政

①清华大学出土文献研究与保护中心编，李学勤主编：《清华大学藏战国竹简（贰）》，上海：中西书局，2011年，第141页。
②［汉］司马迁：《史记》卷5《秦本纪第五》，北京：中华书局，1959年，第179页。
③清华大学出土文献研究与保护中心编，李学勤主编：《清华大学藏战国竹简(贰)》，上海：中西书局，2011年，第141页。

以达到自己称霸的目的。在这一思路下，秦穆公在位期间与晋国公室达成三段婚事：其一，秦穆公"四年，迎妇于晋，晋太子申生姊也"①。其二，秦晋韩原之战，晋国战败，晋惠公"使太子圉为质于秦。秦妻子圉以宗女"②。其三，"（秦穆公）二十三年，晋惠公卒，子圉立为君。秦怨圉亡去，乃迎晋公子重耳于楚，而妻以故子圉妻。重耳初谢，后乃受。"③秦穆公的联姻政策在一定程度上影响了晋国君位的废立，然而处于上升期的晋国势力强劲，且晋惠公、晋文公均是有为之君，秦穆公难以真正意义上对晋国内政有所撼动。当晋文公城濮之战一霸天下后，秦穆公只能避其锋芒，以所谓的"秦晋之好"等待时机。践土之盟后，晋、秦围郑，两国裂痕开始出现。

鲁僖公三十年（公元前 630 年），晋文公联合秦国一起讨伐郑国。郑文公派遣烛之武前往秦国军营晓以利弊，烛之武对秦穆公说道：

> 秦、晋围郑，郑既知亡矣。若亡郑而有益于君，敢以烦执事。越国以鄙远，君知其难也，焉用亡郑以陪邻？邻之厚，君之薄也。若舍郑以为东道主，行李之往来，共其乏困，君亦无所害。且君尝为晋君赐矣，许君焦、瑕，朝济而夕设版焉，君之所知也。夫晋，何厌之有？既东封郑，又欲肆其西封。不阙秦，将焉取之？阙秦以利晋，惟君图之。④

太史公将烛之武之语概括最为简白，曰："亡郑厚晋，于晋而得矣，而秦未有利。晋之强，秦之忧也。"⑤就是这番说辞打动了秦穆公的心。秦穆公一心想图霸诸夏，秦晋之好只是无奈之举，如今灭郑让晋国更强大，这与自己的意愿南辕北辙。因此，秦穆公"与郑人盟，使杞子、逢孙、扬孙戍之，乃还"。⑥

---

① ［汉］司马迁：《史记》卷 5《秦本纪第五》，北京：中华书局，1959 年，第 185 页。
② ［汉］司马迁：《史记》卷 5《秦本纪第五》，北京：中华书局，1959 年，第 189 页。
③ ［汉］司马迁：《史记》卷 5《秦本纪第五》，北京：中华书局，1959 年，第 190 页。
④杨伯峻：《春秋左传注》，北京：中华书局，2016 年，第 524—526 页。
⑤ ［汉］司马迁：《史记》卷 5《秦本纪第五》，北京：中华书局，1959 年，第 190 页。
⑥杨伯峻：《春秋左传注》，北京：中华书局，2016 年，第 526 页。

晋文公见状，在达到让亲晋的公子兰为郑国太子的目的后，便也撤兵而还了，郑国则在秦穆公的庇佑下躲过了晋文公的讨伐。当然，秦穆公对郑国的庇护只是为了避免晋国过于强大，以影响日后秦国自身的发展。

随着晋文公、郑文公的相继去世，秦穆公终于看到了机会，企图称霸诸侯。而此时，留在郑国戍守的杞子、逢孙、扬孙三位将军向秦国发出了里应外合，突袭郑国的建议。清华简《系年》第8章中有相关记载：

> 晋文公立七年，秦、晋围郑，郑降秦不降晋，晋人以不憖。秦人豫戍于郑，郑人属北门之管于秦之戍人，秦之戍人使人归告曰："我既得郑之门管已，来袭之。"秦师将东袭郑，郑之贾人弦高将西市，遇之，乃以郑君之命劳秦三帅，秦师乃复，伐滑，取之。晋文公卒，未葬，襄公亲率师御秦师于崤，大败之。秦穆公欲与楚人为好，焉脱申公仪，使归求成。秦焉始与晋执乱，与楚为好。①

秦穆公听取了三位将军的建议，出兵偷袭郑国，在郑国的边境处偶遇郑国商人弦高。弦高十分机警，假装奉郑国国君之命犒劳秦军。秦军以为郑国已知其偷袭的计划，于是便放弃了原定偷袭郑国的计划，在班师回国的途中灭掉了晋国的附属国滑国。此时，晋文公刚刚去世，即位的晋襄公也绝非平庸之辈，在秦军返程途经崤山时布下埋伏，歼灭秦军。秦国从此丧失东出的实力，被迫转而向西征伐西戎。

秦、晋崤之战打破了原有的秦晋之好，两国彻底决裂，秦国开始与楚人结好，共同对抗晋国。秦、晋关系转变的节点正是郑国，这再次体现了大国争霸中郑国的地位——必争之地，也是四战之地。

（四）楚庄王争霸时期的郑国

随着春秋大国局势的变幻，楚国终于在楚庄王时期崛起，压制晋国，成为

---

① 清华大学出土文献研究与保护中心编，李学勤主编：《清华大学藏战国竹简（贰）》，上海：中西书局，2011年，第155页。

霸主，而楚庄王称霸也是围绕郑国展开的。城濮之战，晋国获胜楚国战败，但是楚国精锐并未受损，实力尚存。当秦晋矛盾加剧后，秦、楚的关系更为紧密，这为楚国的再次崛起提供了辅翼。①晋文公去世后，晋襄公在诸多名臣的辅佐下，维持了晋文公的霸业，并在崤之战歼灭秦军主力。而由于新即位的郑穆公是晋文公辅佐所立，所以此时的郑国仍旧坚定地站队晋国。如僖公三十三年（公元前 627 年），郑国便随晋国讨伐许国。然而，这一立场随着晋国霸业的衰微和楚国的崛起而发生了转变。

随着晋襄公的去世，晋国国内发生剧烈动荡，赵盾专权，年幼的晋灵公又顽劣成性。而此时的楚国，太子商臣弑杀楚成王后，即位为楚穆王，继续开疆拓土，相继灭掉江、六、蓼等诸侯，②在晋襄公去世后，再次北上争夺郑国。鲁文公九年（公元前 618 年），楚国伐郑，郑当然无法抵御强楚，便与楚国达成议和，其后陈、蔡、宋也都相继投向楚国。

清华简《系年》第 11 章中记载：

> 楚穆王立八年，王会诸侯于厥貉，将以伐宋。宋右师华孙元欲劳楚师，乃行，穆王使驱孟诸之麋，徙之徒菌。宋公为左盂，郑伯为右盂，申公叔侯知之，宋公之车暮驾，用抶宋公之御。③

此事发生在鲁文公十年（公元前 617 年），厥貉之会，楚穆王汇合陈、郑等诸侯讨伐宋国，宋国见状表示归服于楚国，诸侯便由伐宋，变为游猎。而鲁文公十四年（公元前 613 年），"六月，公会宋公、陈侯、卫侯、郑伯、许男、曹伯、晋赵盾，癸酉，同盟于新城"。④这些投靠楚国的诸侯们又集体跟随晋国的"新城之盟"，这体现了蒸蒸日上的楚国再次让晋、楚之间的宋、郑等

---

①李孟存、常金仓对此总结："殽之战造成晋、秦长期的对峙，秦国由晋国的友邦渐渐变成楚国的同盟军，在晋景、晋厉时期，秦从右侧配合楚国攻晋，形成晋国霸业的危机。"详见李孟存、常金仓：《晋国史纲要》，太原：山西人民出版社，1988 年，第 59 页。
②杨伯峻：《春秋左传注》，北京：中华书局，2016 年，第 576—605 页。
③清华大学出土文献研究与保护中心编，李学勤主编：《清华大学藏战国竹简（贰）》，上海：中西书局，2011 年，第 160 页。
④杨伯峻：《春秋左传注》，北京：中华书局，2016 年，第 655 页。

国处于两难之境，他们只能选择"朝楚暮晋"以自保。"新城之盟"同年，楚庄王即位。

　　此时，郑国一方面加入晋国阵营，一方面与楚国联姻，①以此方式游走于两个大国之间。这样的方式惹怒了晋灵公，晋灵公拒绝接见前来朝拜的郑穆公。郑国大夫子家给晋国执政卿赵盾写信，表明郑国作为小国的无奈。②随着晋国的衰落，郑穆公意识到"晋不足与也"，遂转向楚国，晋国发兵围郑，却被楚军击败。③由此可见楚强于晋的局面已然形成。

　　然而，就在楚庄王执政前期，虽然楚国势力大增，但由于内部有斗椒之乱，外部又有群舒叛乱，一时难以形成对郑国的彻底征服。而晋国经历了晋灵公被弑之乱，到晋成公即位，国力有所恢复，晋楚两强也不分伯仲。两国均把郑国当成争霸的重要对象，难怪郑人痛恨两国所为，怒言："晋、楚不务德而兵争，与其来者可也。晋、楚无信，我焉得有信？"④对峙的转折在楚庄王十四年，清华简《系年》第12章中这样记载：

　　　　楚庄王立十又四年，王会诸侯于厉，郑成公自厉逃归，庄王遂加郑乱。晋成公会诸侯以救郑，楚师未还，晋成公卒于扈。⑤

　　简文中郑成公，显然是郑襄公之误，此时郑穆公去世，其子郑灵公即位，却因与贵族的意气之争被弑杀。其弟郑襄公即位，将其兄弟列为大夫，郑穆公

---

① 《史记·楚世家》记载，楚庄王三年时，庄王有郑国之女为妃。[汉]司马迁：《史记》卷40《楚世家第十》，北京：中华书局。1959年，第1700页。
② 杨伯峻：《春秋左传注》，北京：中华书局，2016年，第683—685页。
③ 杨伯峻：《春秋左传注》，北京：中华书局，2016年，第683—685页。
④ 杨伯峻：《春秋左传注》，北京：中华书局，2016年，第709页。
⑤ 清华大学出土文献研究与保护中心编，李学勤主编：《清华大学藏战国竹简（贰）》，上海：中西书局，2011年，第163页。
⑥ 《史记·郑世家》记载："灵公元年春，楚献鼋于灵公。子家、子公将朝灵公，子公之食指动，谓子家曰：'佗日指动，必食异物。'及入，见灵公进鼋羹，子公笑曰：'果然！'灵公问其笑故，具告灵公。灵公召之，独弗予羹。子公怒，染其指，尝之而出。公怒，欲杀子公。子公与子家谋先。夏，弑灵公。郑人欲立灵公弟去疾，去疾让曰：'必以贤，则去疾不肖；必以顺，则公子坚长。'坚者，灵公庶弟，去疾之兄也。于是乃立子坚，是为襄公。襄公立，将尽去缪氏。缪氏者，杀灵公、子公之族家也。去疾曰：'必去缪氏，我将去之。'乃止。皆以为大夫。"（[汉]司马迁：《史记》卷42《郑世家第十二》，北京：中华书局，1959年，第1767—1768页）

子嗣开始在郑国发展，"七穆"势力初步形成。⑥楚庄王挥师"伐陆浑戎"，问鼎于周王室，平定若敖氏内乱，平定群舒外乱，会诸侯于厉，霸业初成。郑襄公会盟之时逃归，其原因史籍未载，这引起了楚庄王的不满，遂发兵于郑。晋成公会盟诸侯欲救郑，却出师未捷身先死，历史的天平再一次倾向了楚庄王。

楚庄王十七年，即鲁宣公十二年（公元前597年），万事俱备的楚国再一次挥师攻郑，以期彻底将郑国制服。郑国苦守三个月，终于投降。郑襄公仿照殷商微子投降之礼仪——肉袒牵羊，迎接楚庄王。晋国听闻楚国伐郑，出兵救郑，而此时郑国已经投降，晋军犹豫不决，在邲之战为楚、郑所败。清华简《系年》第13章记载：

> （楚）庄王围郑三月，郑人为成。晋中行林父率师救郑，庄王遂
>
> 北……（楚）人盟。赵旃不欲成，弗召，席于楚军之门，楚人被驾以
>
> 追之，遂败晋师于河……①

经过邲之战，楚庄王终于正面击败了强晋，而郑国也从城濮之战后的服晋，反复转向，最终又投靠了楚国。晋国虽然经历邲之战的失败，但仍为大国，对于郑国的背叛十分愤怒，更对失去郑国而不甘，遂于两年后伐郑，"以其反晋而亲楚也"②，但无果而终。邲之战后，楚国会盟诸侯，举行蜀之盟，郑、宋、鲁、秦、蔡、许等国均服从楚国霸权，楚庄王成为继齐桓、晋文之后，又一位公认的中原霸主。而这一切又与郑国直接关联。然而，晋楚争霸并未因邲之战而终结，晋楚争霸与齐桓公不同，两国此消彼长，竞争百余年，而郑国的站位不免在两强间反复。

（五）春秋中晚期的郑国

楚庄王之时，称霸诸侯，楚强晋弱的局面已然形成，但是随着楚庄王的去

---

① 清华大学出土文献研究与保护中心编，李学勤主编：《清华大学藏战国竹简（贰）》，上海：中西书局，2011年，第165页。

② ［汉］司马迁：《史记》卷42《郑世家第十二》，北京：中华书局，1959年，第1769页。

世，楚共王即位，晋楚势力又有了新的变化，郑国、宋国等小国又无奈摇摆于两强之间。此时，晋、楚两国也因争霸处于疲敝的状态。晋国方面，晋灵公顽劣，终被赵氏弑杀，晋国内部出现了公室与卿大夫间的矛盾，一时无暇争霸。楚国方面，晋国在楚的后方扶植吴国以牵制楚国，也令楚国东西难顾。终于，在宋华元的主导下，晋、楚两国达成第一次"弭兵之会"，两国誓词如下：

> 凡晋、楚无相加戎，好恶同之，同恤灾危，备救凶患。若有害楚，则晋伐之；在晋，楚亦如之。交贽往来，道路无壅，谋其不协，而讨不庭。有渝此盟，明神殛之，俾坠其师，无克胙国。①

争霸百年之久的晋楚之所以选择"弭兵之会"是基于各自的无奈，然而这样的盟誓却缺乏遵从的基础。果然，不久后楚国便裹挟郑国去攻打宋国，而晋国则直接出兵郑国，晋与楚、郑爆发鄢陵之战。②上述内容基于《左传》记载概述，然而清华简《系年》第 16 章对相关史事的记载有明显的差异，简文记载：

> 楚共王立七年，令尹子重伐郑，为泝之师。晋景公会诸侯以救郑，郑人止郧公仪，献诸景公，景公以归。一年，景公欲与楚人为好，乃说郧公，使归求成，共王使郧公聘于晋，且许成。景公使籴之茷聘于楚，且修成，未还，景公卒，厉公即位。共王使王子辰聘于晋，又修成，王又使宋右师华孙元行晋楚之成。明岁，楚王子罢会晋公子爕及诸侯之大夫，盟于宋，曰："弭天下之甲兵。"明岁，厉公先起兵，率师会诸侯以伐秦，至于泾。共王亦率师围郑，厉公救郑，败楚师于鄢。厉公亦见祸以死，亡后。③

楚共王七年，即鲁成公七年（公元前 584 年），简文详细地梳理了第一次

---

①杨伯峻：《春秋左传注》，北京：中华书局，2016 年，第 935—936 页。
②杨伯峻：《春秋左传注》，北京：中华书局，2016 年，第 965—974 页。
③清华大学出土文献研究与保护中心编，李学勤主编：《清华大学藏战国竹简（贰）》，上海：中西书局，2011 年，第 174 页。

"弭兵之会"的过程，表明晋楚弭兵，是楚共王与晋景公的共同意愿，且两国
为此也做出了较为诚恳的姿态。晋景公去世后，晋厉公即位，楚共王继续与晋
国修好，才最终达成"弭兵之会"。然而第一次弭兵之会后，双方很快撕毁盟
誓，又掀起争霸战争，这与传世文献的记载大致相同。关于鄢陵之战，简文记
载"共王亦率师围郑，厉公救郑，败楚师于鄢"，而传世文献记载则是晋国讨
伐郑国，郑国与楚国对抗晋国。关于这样的差异，由于简文文辞过简，而《左
传·成公十六年》详细记载了"十六年春，楚子自武城使公子成以汝阴之田求
成于郑，郑叛晋""夏四月，滕文公卒。郑子罕伐宋，宋将鉏、乐惧败诸汋
陂。退舍于夫渠，不儆，郑人覆之，败诸汋陵，获将鉏、乐惧""卫侯伐郑，
至于鸣雁，为晋故也。晋侯将伐郑""郑人闻有晋师，使告于楚，姚句耳与
往。楚子救郑"①的全过程，因此，有关《左传》与清华简二者对此的不同记
载有待进一步探讨。

  鄢陵之战是春秋中晚期楚国、晋国势力对比的又一次转折，这场战争与郑
国直接相关。战争中，楚军内部出现严重的分歧，导致战争失败，晋国大获全
胜。晋厉公企图借战胜之余威，整理国内卿大夫专权的现象，却被弑杀。楚国
则丧失了楚庄王建立的诸侯霸权。在晋悼公即位后，晋国国力迅速发展，却仍
未彻底脱离卿大夫专权的局面，楚国在日益崛起的吴国的威胁下，国力疲敝。
终于，两国在宋大夫向戌的主持下进行了第二次"弭兵之会"。②会后，两强终
于结束了百余年之久的争霸战争。

  纵观春秋大国争霸的历史，齐、晋、楚、秦相继称雄，均围绕郑国而展
开，在大国环伺下，四公子之乱后的郑国只能采用"事大"原则应对时局。清
华简诸篇文献对相关重要史事均有不同程度的记载，为我们深入了解郑国史相

---

① 杨伯峻：《春秋左传注》，北京：中华书局，2016 年，第 961—963 页。
② 杨伯峻：《春秋左传注》，北京：中华书局，2016 年，第 1246—1251 页。

关问题提供了新的史料。第二次弭兵之会后，郑国处于一个较好的外部环境，在国内虽然"七穆"势力已然崛起，但是子产的执政又让郑国得到较大的发展。

二、清华简所见战国初期郑国史事

春秋晚期的郑国，无论从内部条件，还是从外部环境而言，都处于史上难得的发展机遇。一方面就外部而言，此时东方的齐国、西方的秦国、北方的晋国、南方的楚国均处于衰落期，难以对郑国造成威胁，而处于霸主地位的吴越两国又偏于东南一隅，尚无法对郑国进行侵扰；另一方面就内部而言，子产对"七穆"势力的调和以及主政时期进行的一系列改革使郑国国势有了显著提升。鲁定公六年（公元前504年），郑灭楚国附属许国，同年趁王子朝之乱，吞周之六邑。鲁定公八年（公元前502年）与齐联盟，反叛晋国。①然而，正是这样复兴在望的郑国，却在刚刚进入战国不久便被韩国所灭，相关史事亦可从清华简中见到端倪。

《史记·郑世家》对春秋晚期和战国初期至郑国灭亡有如下记载：

> 献公十三年卒，子声公胜立。当是时，晋六卿强，侵夺郑，郑遂弱。声公五年，郑相子产卒，郑人皆哭泣，悲之如亡亲戚……八年，晋范、中行氏反晋，告急于郑，郑救之。晋伐郑，败郑军于铁……三十六年，晋知伯伐郑，取九邑。三十七年，声公卒，子哀公易立。哀公八年，郑人弑哀公而立声公弟丑，是为共公。共公三年，三晋灭知伯。三十一年，共公卒，子幽公已立。幽公元年，韩武子伐郑，杀幽公。郑人立幽公弟骀，是为繻公。繻公十五年，韩景侯伐郑，取雍丘。郑城京。十六年，郑伐韩，败韩兵于负黍。二十年，韩、赵、魏列为诸侯。二十三年，郑围韩之阳翟。二十五年，郑君杀其相子阳。二十七，子阳之党共弑繻公骀而立幽公弟乙为君，

---

① 苏勇：《周代郑国史研究》，吉林大学博学位论文，2010年，第145页。

是为郑君。郑君乙立二年，郑负黍反，复归韩。十一年，韩伐郑，取阳城。二十一年，韩哀侯灭郑，并其国。①

《史记·郑世家》的记载为我们认知郑国的灭亡提供如下信息：第一，郑献公、郑声公之时，晋国六卿争强，对郑国进行侵伐，导致郑国外部环境变差；第二，子产于郑声公五年（公元前496年）去世，郑国再无优秀的政治家；第三，外交失败，郑国错误地支持了晋国六卿中的范氏和中行氏，并与两氏族在铁之战中战败，郑国错误的政治站位使其失去了影响晋国决策的力量；第四，君位不稳，先是郑哀公八年，郑人弑杀郑哀公，立其叔丑为郑共公，其次韩武子杀郑幽公，再次子阳之党弑杀郑缭公，最后韩哀侯灭郑君乙；第五，韩国的崛起严重干扰郑国政治；第六，郑国君臣关系十分紧张。

《史记·郑世家》基本交代了郑国在春秋晚期到战国初期灭亡的过程，清华简《系年》第22章、23章对此也有十分重要的补充。简文第22章记载：

晋公献齐俘馘于周王，遂以齐侯贷、鲁侯显、宋公田、卫侯虔、郑伯骀朝周王于周。②

据上引《史记》，郑幽公被韩武子所杀，其弟骀即位，便是郑缭公。清华简简文作郑伯"骀"，即骀，此事发生于郑缭公时期。这次献齐俘的原因是晋国率领诸侯联军讨伐齐获胜，结果便是郑国等诸侯服于晋国——当然此时的晋国已然被魏、赵、韩三个氏族把控。如上文所述春秋晚期郑国与齐国已然结盟，在战国初期，齐国力量有所发展，曾与郑国一起讨伐卫国。《史记·田敬仲完世家》记载："（齐）宣公与郑人会西城。伐卫，取毌丘。"③此事发生于简文载三晋伐齐的三年之

---

① ［汉］司马迁：《史记》卷42《郑世家第十二》，北京：中华书局，1959年，第1775—1776页。

②清华大学出土文献研究与保护中心编，李学勤主编：《清华大学藏战国竹简（贰）》，上海：中西书局，2011年，第192页。

③ ［汉］司马迁：《史记》卷46《田敬仲完世家第十六》，北京：中华书局，1959年，第1886页。

④程浩：《困兽犹斗：新史料所见战国前期的郑国》，《殷都学刊》，2018年第1期。

前。④由此，郑国从"与齐联盟"到"归服三晋"。《吕氏春秋》记载魏文侯曰："东胜齐于长城，虏齐侯，献诸天子，天子赏文侯以上闻。"①三晋伐齐成功后，率诸侯献齐俘于周，目的在于让周王室和诸侯们承认魏、赵、韩的合法性。

面对三晋的崛起，楚国虽然已经势力衰落，却仍要加强防备，这一举动又牵扯到了郑国。清华简《系年》第23章记载：

> 楚声桓王立四年，宋公田、郑伯骀皆朝于楚。王率宋公以城榆关，寘武阳。秦人败晋师于洛阴，以为楚援。②

就在三晋伐齐的三年后，楚国拉拢宋国、郑国、秦国制衡三晋，"城榆关""寘武阳""败晋师于洛阴"。这一时期，郑国又从"归服三晋"转向"联楚抗晋"。需要说明的是，据专家考释，榆关乃是郑国之地，在榆关抵抗三晋虽取得了成效，但也损害了郑国的利益。而随着楚声桓王之死，郑国马上攻下榆关，又归服三晋以攻楚。清华简《系年》第23章记载：

> 声王即世，悼哲王即位。郑人侵榆关，阳城桓定君率犊关之师与上国之师以交之，与之战于桂陵，楚师亡功。景之贾与舒子共止而死。明岁，晋顐余率晋师与郑师以入王子定。鲁易公率师以交晋人，晋人还，不果入王子。③

郑国击败楚国，收复榆关，又与晋国联合干涉楚国内政，欲送王子定归楚即位，最终无果。④这里可以明显看出，楚国国势的衰落，同时也能看出此时的郑国尚有一定的军事实力。还需要说明的是，由于此时的晋实际上有魏、

①许维遹撰，梁运华整理：《吕氏春秋集释》，北京：中华书局，2009年，第372页。
②清华大学出土文献研究与保护中心编，李学勤主编：《清华大学藏战国竹简（贰）》，上海：中西书局，2011年，第196页。
③清华大学出土文献研究与保护中心编，李学勤主编：《清华大学藏战国竹简（贰）》，上海：中西书局，2011年，第196页。
④程浩：《困兽犹斗：新史料所见战国前期的郑国》，《殷都学刊》，2018年第1期。

赵、韩三个政权，而魏继承晋的称号，因此简文记载郑与晋的交好与敌对大致就魏国而言，赵国不与郑国接壤，利害关系不大，而据上引《史记》韩国在郑国晚期一直对郑国虎视眈眈，不断侵伐吞噬郑国领土。郑国追随魏国攻击楚国，却遭到了楚国的反击。

清华简《系年》第 23 章有相关记载：

> 明岁，郎庄平君率师侵郑，郑皇子、子马、子池、子封子率师以交楚人，楚人涉氾，将与之战，郑师逃入于蔑。楚师围之于蔑，尽逾郑师与其四将军，以归于郢，郑大宰欣亦起祸于郑，郑子阳用灭，亡后于郑。明岁，楚人归郑之四将军与其万民于郑。①

楚国打败郑国，郑国四位将领被俘，主力尽失，"万民"被虏。关于郑国的四位将帅，传世文献没有对应的记载。苏建洲认为皇子、子封子，即"以氏配子"，当为春秋战国通例，子马、子池，或为美称"子"＋名，或为"子马子"，子马为氏。②就在此时，郑国内部又出现了太宰欣之祸，子阳氏被灭。次年，楚国归还郑国四将军及万民。再次年，子阳氏党羽弑杀了郑繻公。依据《韩非子·说疑》"太宰欣取郑"和《史记·郑世家》"郑君（郑繻公杀其相子阳""子阳之党共弑繻公骀"的记载，学界都认为太宰欣与子阳是一人或同党。③然而，《系年》记载："郑大宰欣亦起祸于郑，郑子阳用灭，亡后于郑。"表明太宰欣与子阳并非一人或同党，反而是政敌关系。马卫东认为："太宰欣与子阳并非一人，他们分属罕氏和驷氏家族，彼此为政敌关系。子阳之难是由罕氏的太宰欣攘取郑国政权而引发的内

---

① 清华大学出土文献研究与保护中心编，李学勤主编：《清华大学藏战国竹简（貳）》，上海：中西书局，2011 年，第 196 页。
② 苏建洲，吴雯雯，赖怡璇：《清华二〈系年〉集解》，台北：万卷楼图书有限公司，2013年，第 898—899 页。
③ 童书业：《春秋左传研究》，上海：上海人民出版社，1980 年，第 264—265 页。杨宽：《战国史》，上海：上海人民出版社，2003 年，第 172 页。
④ 马卫东：《清华简〈系年〉与郑子阳之难新探》，《古代文明》，2014 年第 2 期。

乱，实质上是罕氏与驷氏间、郑君与罕氏间的权力之争。"④此论断极为精确，可从。

楚国对郑国的报复，对郑国而言是巨大的打击，其最终结果导致郑国失去了抗击韩国的实力。显然楚国也意识到郑国虚弱，三晋势必南下灭郑，便归还了郑国四将军及万民。如果郑国借此重新整顿或有转机，然而，同时爆发的太宰欣之祸，使得郑国出现严重的内乱，韩非子说："郑子阳身杀，国分为三。"①足见此事对郑国造成了致命打击。

郑繻公被弑后，其弟郑君乙即位，此时郑国主力军队殆尽，国内势力掣肘难以整合力量。从楚国归还郑国四将军及万民的行为来看，"郑恃魏而不听韩，魏攻荆而韩灭郑"。②此时郑国恐怕又要选择投楚背魏。至此，郑国终在内部虚弱、分裂、主力丧失，外部无所依靠的境遇下，被韩国翦灭，最终退出了历史的舞台。

小　结

郑国是两周历史上极为重要的诸侯国，传世文献对其记载较为详细，学术界对郑国历史研究的成果也十分丰富。近年，随着清华简《系年》《良臣》《郑武夫人规孺子》《郑文公问太伯》《子产》等简文的陆续公开，其中与郑国历史相关的内容广为学界热议。本章以清华简提供的新史料为线索，对郑国历史上诸多重大问题进行了深入讨论。

清华简对早期郑国历史的记载主要体现在东迁和郑武公为政两个方面。东迁是郑国历史上极为重要的一个转折点，郑国从此由畿内诸侯转为畿外诸侯，

---

① ［清］王先慎撰，钟哲点校：《韩非子集解》，北京：中华书局，1998 年，第 405 页。
② ［清］王先慎撰，钟哲点校：《韩非子集解》，北京：中华书局，1998 年，第 123 页。

并在两周之际取得发展的先机。清华简《郑文公问太伯》记载郑桓公"克郐"解决了学术界关于东迁过程中一个核心问题，即"克郐"者是谁。《良臣》记载郑桓公的良臣史伯、宦仲、虢叔、杜伯等"周之遗老"填补了史籍相关内容缺载的空白。清华简《系年》《郑武夫人规孺子》《郑文公问太伯》对郑武公为政的记载更清楚地展现了郑武公在郑国东迁后对郑国领土发展和取得诸夏领导地位所做的贡献，这是不见于传世文献的内容，具有很高的史料价值。

清华简对郑国由盛转衰历史的记载主要体现在郑庄公即位初期的国内局势、郑庄公的霸业以及庄公死后的四公子之乱上。《郑武夫人规孺子》记载的武姜与边父的矛盾，为我们了解"郑伯克段于鄢"之前的历史提供可能。《郑文公问太伯》从繻葛之战与助齐伐戎两个方面记载庄公的霸业，这与传世文献有较高的对应。《系年》与《郑文公问太伯》则以独特的方式记载了四公子之乱，这是了解相关历史的重要史料。

清华简对郑国衰落至灭亡历史的记载主要体现在大国争霸格局中的郑国和战国初期郑国的史事上。四公子之乱后的郑国在大国争霸的局面中日趋衰落，从另一方面来看，郑国在大国争霸中具有极其重要的地位。传世文献对战国早期的历史记载较为匮乏，对郑国的史事更是语焉不详，《系年》第22章、23章对郑繻公时期郑国历史的记载可补充这一缺憾，更有助于我们对郑国灭亡的认知。

本章在以清华简勾勒郑国历史发展进程之时，不仅侧重于重大历史事件的论述，还对简文所载郑国重要的历史人物进行了论述，以深化对郑国历史的了

第三章

清华简涉郑国史料所蕴含的政治思想探析

第三章

清华简涉郑国史料所蕴含的政治思想探析

前章以清华简为线索对郑国历史上诸多重大事件进行了深入的剖析，补充了传世文献的缺载，解决了学术界争议已久的经史难题，彰显了清华简所载郑国史料的价值。实际上，清华简所涉郑国史料不仅有考证郑国历史问题的价值，而且还记载了诸多政治思想的内容。关于郑国为政之价值理念，在目前的中国史研究中，甚少有人专门研究，借助于清华简所提供的郑国新史料与线索，并由此而开展的探究，可以启发我们重新开拓另一思考方向。从《郑武夫人规孺子》《郑文公问太伯》《子产》等简文中可总结出天命观、用人观、重民观和历史观等政治思想，其中《子产》所载子产执政及其刑法思想更具思想史的意义。

第一节　清华简涉郑国史料所蕴含的统治思想

清华简所涉郑国史料中有诸多颇具思想性的文献，比如《郑武夫人规孺子》《郑文公问太伯》和《子产》中均涉及政治思想，尤有价值。这三篇简文撰写时间大致被认为是战国时期，但记述着春秋时期的历史事迹，尤其是《郑武夫人规孺子》《郑文公问太伯》（甲、乙本）两篇攸关郑国史事的记载。但即使如此，这两篇也都与为政思想或礼制等相关，如《郑武夫人规孺子》，整理者李均明曾言："本篇对研究春秋初郑国历史，尤其对了解武公去世后，围绕嗣君问题而展开的权力斗争颇具史料价值。"[1]再者，晁福林先生针对此篇，也曾论述其史料价值，并从为政中阐述其礼制与周制的相应和之处。[2]至于《郑文公问太伯》，整理者马楠曾言："简文记载了太伯临终时告诫郑文公……当追慕先君，克己节欲、任用贤良。"[3]这一论述表明此文既涉及为政主题，同时也关系到为政者的用人观及个人修养等内容。《子产》作为三篇中篇幅最长的，也是唯一一篇论说式的篇章，整理者李学勤曾说："是一篇传述子产道德修养和施政成绩的论说。……制定了'郑令''野令''郑刑'和'野刑'，足以印证和补充《左传》关于子产作刑书的记载。"[4]由此可见，此篇简文也有部分可补郑国史事之记载，但更多的是为政者与人民之间的关系。

基于以上前提，本章综合三个简文文本（下文简称为"三简文"），以商、周思想史的宏观发展为大背景，参考其他史料的记载，可对维护国家长治久安关键的天命观、用人观、重民观和历史观等政治思想进行总结凝练。

一、天命观念传统的沿袭与发展

三简文中，直接涉及"天"的文句并不多，但仍能从中看出传统的天命观念对春秋时期郑国政治思想的影响。为便于讨论，先列举相关简文如下：

(1) 有道之君……有以答天，能通于神。（《子产》）

(2) 乃绎天地、逆顺、强柔……（《子产》）

(3) 天地固用不悖，以能成卒。（《子产》）

①清华大学出土文献研究与保护中心编，李学勤主编：《清华大学藏战国竹简（陆）》，上海：中西书局，2016年，第103页。
②晁福林：《谈清华简〈郑武夫人规孺子〉的史料价值》，《清华大学学报》，2017年第3期。
③清华大学出土文献研究与保护中心编，李学勤主编：《清华大学藏战国竹简（陆）》，上海：中西书局，2016年，第118页。
④清华大学出土文献研究与保护中心编，李学勤主编：《清华大学藏战国竹简（陆）》，上海：中西书局，2016年，第136页。

（4）今天为不惠，或援然，与不穀争伯父。（《郑文公问太伯》）

（5）抑天也？其抑人也？（《郑文公问太伯》）

三简文关于"天"的记载可以分为两类：其一，《子产》记载的天，有宗教性与形而上的特征；其二，《郑文公问太伯》中的天有怨天、疑天的感觉。

简文（1）是《子产》在论述"有道之君"时所提及的。《子产》载：

有道之君，能修其邦国，以和民。和民有道，在大能政，在小能支；在大可久，在小可大。有以答天，能通于神，有以徕民，有以得贤，有以御害伤，先圣君所以达成邦国也。①

"天"自西周以来便是政权的根源，蕴含有"德"的思想于其中，是以能命此文王，但西周晚期显然有怨天之言，源自君王不"德"使然，至于春秋时，显然"和民"思想成为君王为政的重点。上文这段论述中，有道之君以"和民"为手段，达到政治稳定的局面，这样的局面会带来"答天""通神""徕民""得贤"和"御害伤"的效果。从这段简文中可见，"答天"与"通神"显然在"良政"的效果中占据着特殊的地位。

在商周时代的历史中，对以"天"为代表的宗教神灵的敬畏与信仰是十分重要的政治实践。西周时人发明天命观念，意在强调周人取得政权，合于天意，其统治具有绝对的正当性。西周时期，建立了以"天"为核心的政治秩序，周王是"天"的代表，被称为"天子"，周王通过"敬德保民"的原则维持人间秩序，以达到"以德配天"的目的。②因此，"敬天"成为西周政治运

---

① 清华大学出土文献研究与保护中心编，李学勤主编：《清华大学藏战国竹简（陆）》，上海：中西书局，2016年，第137页。

② 商周时期天神、帝神作为最高信仰，是早期思想史中的重要话题，学界多有论述。朱凤瀚：《商周时期的天神崇拜》，《中国社会科学》，1993年第4期；王晖：《论周代天神性质与山岳崇拜》，《北京师范大学学报》（社会科学版），1999年第1期；徐心希《试论商周神权政治的构建与整合——兼论商周时期的日神与天神崇拜》，《殷都学刊》，2006年第1期；王晖：《论商代上帝的主神地位及其有关问题》，《商丘师专学报》，1999年第1期；黄可佳，李彦平：《清华简〈系年〉"千亩"的记载与商周上帝观念转变》，《兰台世界》，2015年第11期；付瑞珣《商周伦理思想嬗变研究》，东北师范大学博士学位论文，2019年。

行的精神依据，也是重要目的之一。从这一角度而言，《子产》中的"有道之君"的政治运行与西周政治运行有着高度的一致性。其一，简文"和民"与西周"保民"类似，以达到"答天"和"配天"的政治目的；其二，以"天"为政治运行的最高准则，进而达到"徕民""得贤"的良政效果。

简文（2）是子产在郑国习三代之令时提及的，《子产》载：

> 乃肄三邦之令，以为郑令、野令，导之以教。乃迹天地、逆顺、强柔……①

据上文释读，"肄三邦之令"就是学习效法夏商周三代的律令；郑令与野令相对，意为国野之别。"导之以教"，大意为教导百姓。绎，《尔雅·释诂》释"陈也"，《广雅》释"穷也"，其大意为精研。可见，教导百姓的内容便是天地、逆顺、强柔等。这里的天地与其他对立概念有所不同。逆顺、强柔的对立是一种状态，而天地对立的表象背后更具有一种本体的意义。古语中以"天地"指代天下、世界或更抽象的"道"都是常见的。而简文（3）"天地固用不悖"也正是此意。简文（3）是《子产》记述良好政治状态下的结果，这又与简文（1）的政治含义吻合。

简文（4）是《郑文公问太伯》中文公看望病重的太伯的寒暄之语。其大意便是："上天太不恩惠了，赫然与我争夺伯父啊！"②在这一语境中的"天"是个具有人格的神灵角色，文公以"怨天"的方式表达对伯父生病的心痛，较易理解。那么"天"为什么可以与文公"争夺"太伯呢？这便涉及周人对"天"的理解了。如前所述，在周代的政治和精神领域中，"天"是极为重要的存在，天命降周，文王受命，就是周王朝存在的合理性。周王被称为天子，死去的周王和贵族们也将前往天庭，担任天庭中的重要职务。这样各个氏族祭

---

①清华大学出土文献研究与保护中心编，李学勤主编：《清华大学藏战国竹简（陆）》，上海：中西书局，2016年，第138页。
②清华大学出土文献研究与保护中心编，李学勤主编：《清华大学藏战国竹简（陆）》，上海：中西书局，2016年，第119页。

祀祖先，而天又统治氏族们的祖先，于是便形成了以天和周天子为核心的政治体系，而在此体系中，宗法分封制度为核心的周礼便有了合理的解释。在这样的宗教与政治体系下，贵族死后要去天庭司职于天帝，这便是文公说"天"与自己"争夺"太伯的理由。

在周初，也有类似的一场"怨天"的牢骚，可以更清晰理解周代的天命观。《尚书·金縢》记载：

> 既克商二年，王有疾，弗豫。二公曰："我其为王穆卜。"周公曰："未可以戚我先王？"公乃自以为功，为三坛同□。为坛于南方，北面，周公立焉。植璧秉珪，乃告太王、王季、文王。

> 史乃册，祝曰："惟尔元孙某，遘厉虐疾。若尔三王，是有丕子之责于天，以旦代某之身。予仁若考，能多材多艺，能事鬼神。乃元孙不若旦多材多艺，不能事鬼神。乃命于帝庭，敷佑四方，用能定尔子孙于下地。四方之民，罔不祗畏。呜呼！无坠天之降宝命，我先王亦永有依归……"[1]

引文大意是，周武王伐纣胜利后便生病了，周公为武王向先祖太王、王季、文王进行祷告，说道："你们的长孙武王生病了，如果你们在天帝那里有职责，就向天神劝说让我代替武王。我比武王有更多才能，可以更好地侍奉天神。武王受命于天帝，统治四方，可以保护你们的子孙们，万民也都敬畏他。别丧失天赐我们周族的大命，先王们也永远享有祭祀。"这是周公通过先祖向天帝"争夺"周武王的生命。这虽然是一套宗教或礼仪的仪轨，却真实地反映了周人对天的认知。这样的观念在郑文公的言辞中得以再现。

简文（5）是《郑文公问太伯》中太伯回顾郑国四公子之乱的感叹。他说：

> 世及吾先君昭公、厉公，抑天也，其抑人也，为是牢鼠不能同

---

[1] ［清］阮元校刻：《十三经注疏·尚书正义》，北京：中华书局，1980 年，第 196 页。

穴，朝夕斗阅……①

如前文第二章所述，郑国四公子之乱是郑国由盛到衰的起点，而作为同时代的太伯正是亲历者，他在追忆这段历史时内心一定是悲愤且遗憾的。那么郑国到底为何会发生这样的内乱呢？太伯病重时还在问："到底是天祸啊？还是人祸啊？"实际上他心中自有答案，就是"牢鼠不能同穴""兄弟阋于墙"——是人祸。

太伯对"天"的质疑也可以在西周时期找到传统。在商周王朝交替之际，弱小的周人认识到即使强大的商王朝，迷信天神也不会得到眷顾，于是周人认知的天是无常的，不定的，《诗》《书》中常有"天生烝民，其命匪谌"②"天难忱斯"③"天畏棐忱"④"天棐忱辞"⑤等用语，"匪""棐""难"都是否定含义，"谌""忱"都是信的意思，这些常用的语词表达了周人对"天命无常"的认识。而要保留天命，只能通过"敬德保民""以德配天"的方式。西周早中期，这样的方式与王朝的蒸蒸日上一起巩固了人们的信念，达到了维系统治的目的。而到了西周中晚期，随着王朝统治的衰败，人们也失去了对天的信仰，出现了消极的疑天与怨天的思潮，《诗》中多出现《雨无正》"浩浩昊天，不骏其德"⑥"天命不彻"⑦"旻天疾威"⑧等诗句。

东周以后，传统的天命观遭受质疑与挑战，但是并不能以没落或徒有虚名来概括当时的情形。春秋智者们面对现实的乱世，面对王室衰微，诸侯争霸，开始进一步思考现实社会的诸多问题，于是，这也为后来诸子思想的兴起提供

① 清华大学出土文献研究与保护中心编，李学勤主编：《清华大学藏战国竹简（陆）》，上海：中西书局，2016年，第119页。
② ［清］阮元校刻：《十三经注疏·毛诗正义》，北京：中华书局，1980年，第552页。
③ ［清］阮元校刻：《十三经注疏·毛诗正义》，北京：中华书局，1980年，第506页。
④ ［清］阮元校刻：《十三经注疏·尚书正义》，北京：中华书局，1980年，第203页。
⑤ ［清］阮元校刻：《十三经注疏·尚书正义》，北京：中华书局，1980年，第199页。
⑥ ［清］阮元校刻：《十三经注疏·毛诗正义》，北京：中华书局，1980年，第447页。
⑦ ［清］阮元校刻：《十三经注疏·毛诗正义》，北京：中华书局，1980年，第447页。
⑧ ［清］阮元校刻：《十三经注疏·毛诗正义》，北京：中华书局，1980年，第448页。

了思想基础。他们对于当时的乱局是出于天灾还是人祸的辨析，从观念意识方面廓清了上天并非乱政之源，维护了天的崇高性。传统天命论所推崇的天命无常、唯德是辅的政治意识，在后期继续传播，它启迪了战国时期的德政观念，也成为此后大一统王朝思想意识的直接来源之一。而在这一过程中，太伯一句"抑天也？其抑人也？"的追问正解释了历史与现实政治中"人"的重要性，这是对传统天命观重要的突破，在早期思想史的进程中极具价值。

综上，清华简《郑文公问太伯》和《子产》关于"天"的记载，体现了春秋时期郑国统治者的政治思想，既保留了西周时期的传统的天命观念，又有新的发展和突破。

二、重贤臣、远小人的政治理念

"亲贤臣，远小人，此先汉之所以兴隆也；亲小人，远贤臣，此后汉之所以倾颓也"，诸葛亮的《出师表》一语说出了中国古代政治"重贤"的重要性，而其实这种认知早在先秦时期便普遍形成了。重贤臣、远小人的政治理念非常普遍，兹列简文于下：

（1）汝毋知邦政，属之大夫，老妇亦将纠修宫中之政，门槛之外毋敢有知焉。老妇亦不敢以兄弟婚姻之言以乱大夫之政。孺子亦毋以掣竖卑御，勤力价驭，媚妒之臣躬恭其颜色，掩于其巧语，以乱大夫之政。[①]（《郑武夫人规孺子》）

（2）今及吾君，弱幼而滋长，不能慕吾先君之武彻庄功，孚淫媱于康，获彼荆宠，为大其宫，君而狎之，不善哉。君如由彼孔叔、佚之夷、师伛鹿、堵之俞弥，是四人者，方谏吾君于外，兹詹父内谪于中，君如是之不能懋，譬若疾之亡医。[②]（《郑文公问太伯》）

①清华大学出土文献研究与保护中心编，李学勤主编：《清华大学藏战国竹简（陆）》，上海：中西书局，2016年，第104页。
②清华大学出土文献研究与保护中心编，李学勤主编：《清华大学藏战国竹简（陆）》，上海：中西书局，2016年，第119页。

（3）子产用尊老先生之俊，乃有桑丘仲文、杜逝、肥仲、王子伯愿；乃设六辅：子羽、子刺、蔑明、卑登、佸之攴、王子百；乃审辛道、散语，虚言亡实；乃审管单、相冒、韩乐，饰美宫室衣裳，好饮食醯酿，以远屏者。此谓由善散衍。①（《子产》）

以上三则简文均就"重贤臣，远小人"而言，《子产》中还有很多重贤的文句，待分析时论及，不列于此。

简文（1）是《郑武夫人规孺子》中武姜对庄公的政治劝诫。郑武公死后，武姜劝诫庄公不要盲目亲政，而要将朝政交给大夫们，因为这些大夫在郑武公时期便十分可靠，不仅对公室忠诚还是重要的政治力量。在说明大夫们的重要之后，武姜从两个方面表达了"重贤臣，远小人"的政治理念。其一，声明自己只专注后宫执政，不会干预外朝，更不会以兄弟、婚姻等外戚力量干涉大夫们的执政。其二，告诫庄公不要被近身侍臣的巧言令色、谄媚奉承影响，干扰大夫们的执政。

前章已述，《郑武夫人规孺子》记载的武姜言论未必是一种阴谋论，而更可能是一种积极的劝政。在战国时期各个大国进行变法加强中央集权之前，商代、西周乃至春秋实际上都是一种贵族政治，无论王朝还是诸侯，卿大夫的政治权力都非常大。这些卿大夫既有王室或公室的职务，同时也是自己采邑上的君，都有背后独立的政治、经济和军事势力。因此，这些执政卿或大夫难免会"公权私用"，以王朝或公室的政治资源来协助自己小政权的发展。西周末年，类似的事件频频发生。前章所论郑桓公并未随幽王而死，殉葬王室，反而在西周灭亡之前便采用史伯的意见以王朝司徒的身份"寄孥虢、郐"，并在西周灭亡后的二王并立时期，完成了灭郐、虢而东迁的设想。《诗经·十月之交》记载西周末期的皇父也利用王朝权力，"作都于向""不慭遗一老，俾守我王，

---

①清华大学出土文献研究与保护中心编，李学勤主编：《清华大学藏战国竹简(陆)》，上海：中西书局，2016年，第138页。

择有车马，以居徂向"，①实际上就是将人才、物资都转移到自己的采邑向地，而不顾王朝危难。

武姜让庄公属政于大夫是有前提的，即这些大夫都是武公留下的贤良，他们在武公陷于大难、处卫三年时，仍能将郑国治理得很好，说明他们是值得托付的。而刚刚即位的庄公，只有团结这些大夫以及其背后的政治势力，才能稳固统治。从这个角度来看，武姜的提议具有积极意义。联系到后来楚庄王即位"三年不飞，一飞冲天"的做法，武姜为郑庄公提议的属政大夫颇具政治智慧的"高招"。

从武姜对上古时期政治运行程序规则的熟稔，可以看出她是一位深谙政治的女性。她曾言：

昔吾先君，如邦将有大事，必再三进大夫而与之偕图。既得图乃为之，毁图，所贤者焉申之以龟筮，故君与大夫晏焉，不相得恶。②

武姜所述虽然是对先君武公行政的总结，但与《尚书·洪范》的记载大致相同。《洪范》列举了早期政治运行的基本规范，即下图：③

王	卿士	庶民	龟	筮	结果
从	从	从	从	从	大同。身其康健，子孙其强。吉。
从	逆	逆	从	从	吉。
逆	从	逆	从	从	吉。
逆	逆	从	从	从	吉。
从	逆	从	从	逆	作内吉；作外凶

统治者在进行政治决策时要关切卿大夫、庶民、龟、筮的情况。在武姜的表述中，除了未提及"庶民"，卿大夫与龟、筮都提到了，说明她是非常清楚政治决策的运行规范的。这也体现了武姜并非"深闺"中的贵族女性，而本就

---

① ［清］阮元校刻：《十三经注疏·毛诗正义》，北京：中华书局，1980年，第447页。
②清华大学出土文献研究与保护中心编，李学勤主编：《清华大学藏战国竹简(陆)》，上海：中西书局，2016年，第104页。
③晁福林：《谈清华简〈郑武夫人规孺子〉的史料价值》，《清华大学学报》，2017年第3期。

是一个参与郑国政治的政治家。这可能正是武公处卫三年时练就的。

在属政大夫，即选用贤能之后，武姜又提出了"远小人"的政治理念。叮嘱庄公不要被近身侍臣的巧言令色、谄媚奉承影响，也声明自己退出政治，只掌管后宫，也不会让外戚扰政。实际上，在武姜的语境中，自己和外戚也都成了"小人"的范畴，是扰乱朝政的可能性因素。如此，一个伟大的母亲与女性政治家的形象跃然简文之上。

简文（2）是《郑文公问太伯》中太伯对文公的政治遗训。此时，文公应该刚刚即位，仍然年少，正所谓"弱幼而滋长"。太伯劝谏文公要继承发扬先代君主们的政绩，好好为君为政，不要沉浸于安乐，尤其是"荆宠"，即"远小人"。太伯还将内政外交可用的贤臣推荐给文公，让其"重贤臣"。

从上述可知，孔叔劝谏郑文公不要背离齐桓公和叔詹劝谏文公要慎重对待晋公子重耳来看，太伯留用的贤臣确实可称为"贤明"，而"荆宠"也确实令郑国陷入危机。《左传·僖公二十二年》记载，"丙子晨，郑文夫人芈氏、姜氏劳楚子于柯泽"，"丁丑，楚子入飨于郑，九献，庭实旅百，加笾豆六品。飨毕，夜出，文芈送于军"。①此时正值晋楚城濮之战前夕，郑国处于楚国的阵营之中。"郑文夫人芈氏"，也谓"文芈"，就应是太伯当年所指的"荆宠"。可见，郑文公并未听从太伯的建议，仍然亲近了"荆宠"，并全面倒向了楚国阵营，从文芈频繁劳楚师不难看出其受宠与文公亲楚间的可能性关联。而城濮之战的结局是晋国获胜，楚国战败，不久晋文公以"无礼于晋且贰于楚"为理由，联合秦军围攻郑国，于是郑国出现了东迁以来第一次亡国的危机。历史证明了太伯"重贤臣，远小人"的政治理念的正确性，以及文公不听谏言而导致的国家危难的现实，这也从另一个侧面证明了简文的撰述者立场偏向晋方。

简文（3）是子产执政后实行的"重贤臣，远小人"的举措。他重用四名

---

① 杨伯峻：《春秋左传注》，北京：中华书局，2016年，第436—437页。

"老先生之俊"，即《良臣》所谓的"子产之师"，还重用了六名辅臣，即《良臣》所谓的"子产之辅"，这是"重贤臣"；同时，子产还远离了好斗、争宠、只会粉饰外在、蛊惑享乐生活的"小人"。简文总结，这便是"由善散衍"。"由善"指使用良善之人，"散衍"则指消除凶恶之人的嚣张气势①，"由善"与"散衍"便是《子产》版的"重贤臣，远小人"。

除了简文（3）以外，《子产》中还有其他单面强调重贤臣的简文，如"臣人非所能不进""又以得贤""子产辅于六正，与善为徒""善君必循昔前善王之法，聿求尽之贤可，以自分重任，以果将"②这些都是重贤臣的主张和举措。

在传统的历史叙事中，夏商周三代是血缘氏族社会，其政治形式主要是世官世卿的贵族政治。实际上，即便在这样的时代，尚贤任能也是重要的选官原则。③在天下大争，诸侯争霸的春秋时代，重视人才、远离小人可以稳定政治，加强国力，取得对外交往与战争的胜利，甚至可以称霸诸侯，成为时代的主宰。而偏信宠佞小人，则造成国内动荡，诸侯讨伐，甚至不得善终。

从三简文的相关记载中可以看到，郑国的统治者们十分清晰地认知到"重贤臣，远小人"的重要性。春秋晚期至战国时期诸子更是将这种政治思想理论化，成了中国古代的重要政治理念。

三、安民固本的政治策略

民，是中国古代政治中最关心的话题之一。在三简文中多有安民思想的记载，《郑武夫人规孺子》中便载有"使人遥闻于邦，邦亦无大徭赋于万民"④。

---

①清华大学出土文献研究与保护中心编，李学勤主编：《清华大学藏战国竹简（陆）》，上海：中西书局，2016年，第143页。

②清华大学出土文献研究与保护中心编，李学勤主编：《清华大学藏战国竹简（陆）》，上海：中西书局，2016年，第137—138页。

③宁镇疆：《由清华简〈芮良夫毖〉之"五相"论西周亦"尚贤"及"尚贤"古义》，《学术月刊》，2018年第6期。

④清华大学出土文献研究与保护中心编，李学勤主编：《清华大学藏战国竹简(陆)》，上海：中西书局，2016年，第104页。

轻徭薄赋、安民生存是武姜认为的良性政治的重要表现。而《子产》中关于安民的记载更集中，兹列于下：

(1) 昔之圣君，取处于身，勉以利民，民用信之；不信不信。

(2) 不良君怙位固福，不惧失民。惧失有戒，有戒所以申命固位，位固邦安，邦安民肆，邦危民离，此谓存亡在君。

(3) 君人莅民有道，情以勉，得位命固。

(4) 君人亡事，民事是事。得民天殃不至，外仇否。以私事使民，事起祸行，祸行罪起，罪起民矜，民矜上危。

(5) 有道之君，能修其邦国，以和民。和民有道，在大能政，在小能支；在大可久，在小可大。有以答天，能通于神，有以徕民，有以得贤，有以御害伤，先圣君所以达成邦国也。

(6) 用身之道，不以冥冥抑福，不以逸求得，不以利行德，不以虐出民力。

(7) 勖勉救善，以助上牧民。民有过失，教佚弗诛，曰："苟我固善，不我能乱，我是荒怠，民屯废然。"下能式上，此谓民信志之。

(8) 古之狂君，卑不足先善君之俭，以自馀智，民亡可事，任重不果，邦以坏。

(9) 为民刑程，上下维辑。

(10) 固以自守，不用民于兵甲战斗，曰武爱，以成政德之爱。[1]

《子产》一文竟有十次谈及"民"，有的是积极方面谈及圣君应如何待民，有的是消极方面谈及昏君是如何让民处于不安的境遇。

简文 (1) 为《子产》开篇，便提及"利民"。简文的大意是，古代的圣君，以自身为准则，去利惠百姓，民对君主很信任；如果君主不守信则民亦不

---

[1] 清华大学出土文献研究与保护中心编，李学勤主编：《清华大学藏战国竹简(陆)》，上海：中西书局，2016年，第137—138页。

守信。子产认为，政治中君民关系的核心在君，君如果诚心，让民获利，民也会对君保持忠诚。

简文（2）是反面的论述。大意是不贤的君主，凭借自己的权位，安于享受，不惧怕百姓逃离，而惧怕失去保卫自己的警戒。有警备才能维系自己的权位，维系国家的安定。但是这样的安定是有危机的，国家安稳，百姓便肆意享乐；国家危难，百姓们便逃离了。国家存亡全部在君主的一言一行。子产指出不关心民的政治是一种脆弱的政治，有张力的政治必须通过利民实现。这便是简文（3）所论述的内容。君主如果以正确的方法（道）待民，民就会对统治者热情而坚定，君主便可以更巩固自己的统治。

简文（4）道出了统治的核心问题，便是如何对待民。大意是，君主没有什么大事，最大的事便是民之事。如果得到民的拥护，天也不会降下灾祸，外敌也不存在。如果君主以自己的私心劳役百姓，就会导致百姓一心追逐利益，物欲横流，罪恶便会发生，民便会受到惩罚，这样政治就会紊乱。

简文（5）着重分析了"答天""通神"的问题，而这一前提是"和民"，和民的结果才是"答天""通神""徕民""得贤""御害伤"等，而最终目的则是"达成邦国"。

简文（6）是子产告诫统治者应对自己的行为进行要求，即"不做暗昧之事以提高自己的福祉"，[①]不以安逸为所得，不以利益为行动的直接目标，不乱用民力。简文（7）是子产告诫统治者要寻求贤者，可以帮助自己管理好民众。民有过失，不去诛杀他们而是反省自己，下民会效仿统治者，民便会信任统治者。简文（8）从反面论述古代的狂君不任用贤能，民无所事，导致国家崩坏。简文（9）是子产作郑刑、野刑后达到了"上下维辑"的效果。简文（10）提出了武爱、政德之爱的概念，武爱便是不让民参与到战争中去，政德之爱就是

---

①王宁：《清华简六〈子产〉释文校读》，复旦网，2016 年 7 月 4 日。

良好的内部政治环境。

统观简文，子产认为在政治统治中，民是十分重要的因素，只有安民才能使得国家真正意义上的稳固。而子产的安民、重民生、爱民力等政治思想也有着深刻的历史背景。

在早期历史中，民是氏族成员，而氏族又是氏族社会的基本单位，因此民具有较高的地位，而非奴隶。在《尚书·虞书·皋陶谟》中，便记载"安民则惠，黎民怀之"，[1]虽然《皋陶谟》成书不会如同所载内容一样早至虞夏时期，但是其仍较为可信，年代也不会过晚，保守地说，该文献也在一定程度上反映周代的重民、安民思想。而《尚书·周书·康诰》中周公"用保乂民"，[2]可确信是西周时期的"保民"思想。而早期民的政治地位不仅仅是被重视，他们还积极参与政治的决策。《尚书·商书·盘庚》记载，盘庚迁殷时，"民不适有居"，盘庚则在王庭召集"众"进行劝说，以确保迁都的顺利进行。[3]前文所引《洪范》的政治运行顺序中也明确有庶民的意见，这都表明民的政治地位之高。至春秋时代，血缘关系逐渐崩解，民出现了摆脱氏族组织的趋势，但仍是社会的重要生产力，是统治者非常重视的存在。

"和民"思想可谓春秋以来政治思想的核心。在郑庄公时期，《左传·隐公四年》记载："公问于众仲曰：'卫州吁其成乎?'对曰：'臣闻以德和民，不闻以乱。以乱，犹治丝而棼之也'。"[4]这是在鲁隐公四年（公元前719年）春与鲁大夫众仲对于卫州吁夺卫桓公可成乎之问，在《左传》中，众仲认为卫州吁识是窜君位者，更是"虐用其民，不务令德"，也因此卫人迎公子晋于年冬即位——卫宣公。"和民""利民"都是春秋战国时常用之语，阐述其为政的核心与目的，这也可能是东周以来周王室衰落，各诸侯国崛起与争霸的必然因素。

---

① [清]阮元校刻：《十三经注疏·尚书正义》，北京：中华书局，1980年，第138页。
② [清]阮元校刻：《十三经注疏·尚书正义》，北京：中华书局，1980年，第203页。
③ [清]阮元校刻：《十三经注疏·尚书正义》，北京：中华书局，1980年，第168页。
④ [清]阮元校刻：《十三经注疏·春秋左传正义》，北京：中华书局，1980年，第1725页。

随着历史时代不断演化，"民"始终是权力来源的基础，或者说"民"在权力结构中占有重要的一席之地，无论是商周时期统治者的"保民"行为，还是东周以来儒家们的"贵民"思想，《子产》中"安民"思想，古代统治者重民的思想与政策，最终极目的也是维护统治者的统治，为达成稳固统治的目的，正所谓"民惟邦本，本固邦宁"①。

四、历史经验的借鉴

先民很早便重视历史对现实政治的影响。西周初年，刚刚建立政权的统治者便开始了"我不可不监于有夏，亦不可不监于有殷"②的感叹。从后来孔子所谓的"周监于二代"③来看，西周王朝正是在借鉴夏、商两代政治制度、经验得失的基础上建立周代礼乐文明的。由于历史对现实政治产生巨大的影响，相关政治思想在表达时也往往要借鉴历史的经验。三简文在论及政治思想时便特别注重历史经验的借鉴，下文分别对三简文中体现的相关问题进行解读。

《郑武夫人规孺子》中，武姜与边父分别对郑庄公进行了政治劝谏，而劝谏的过程也均以历史经验作为依据。武姜方面，武姜劝告庄公要属政于大夫，历史依据便是郑武公时期的政治经验，她先说"昔吾先君，如邦将有大事，必再三进大夫而与之偕图"④；再举武公陷于大难，处卫三年期间，大夫将郑国治理得井井有条，体现大夫的可靠，最后再以"吾先君之常心，其何不遂"⑤为理由，揭出"汝毋知邦政，属大夫"⑥的告诫。边父方面，在劝谏庄公亲政时，也举出先君武公的政治经验，即"昔吾先君使二三臣，抑早前后之以言，

①[清]阮元校刻：《十三经注疏·尚书正义》，北京：中华书局，1980年，第156页。
②[清]阮元校刻：《十三经注疏·尚书正义》，北京：中华书局，1980年，第213页。
③程树德撰，程俊英、蒋见元点校：《论语集释》，北京：中华书局，1990年，第182页。
④清华大学出土文献研究与保护中心编，李学勤主编：《清华大学藏战国竹简（陆）》，上海：中西书局，2016年，第104页。
⑤清华大学出土文献研究与保护中心编，李学勤主编：《清华大学藏战国竹简（陆）》，上海：中西书局，2016年，第104页。
⑥清华大学出土文献研究与保护中心编，李学勤主编：《清华大学藏战国竹简（陆）》，上海：中西书局，2016年，第104页。

思群臣得执焉。"①大意是，从前先君武公任用大臣时，都把我们叫到身前身后，亲政下达命令，让大臣们知道自己的职责，且免于犯错而有生命之险。

大体看来，武姜与边父举出武公时期的政治经验，对庄公进行政治规劝并无问题，然则两人站在不同的立场，所列举的武公经验便有了矛盾之处。武姜强调武公放心地属政于大夫，而边父却说武公任用大臣都会亲自下令，积极主政。如果有一人在举例武公经验时有不实之处，那更可能是边父，因为武公处卫三年的史事是无法编造的，而这期间郑国也必定是大夫执政。当然，还有一种可能就是武姜与边父都没有虚言，只是各有侧重而已，可能武公在郑国国内时也确实亲力亲为，执掌郑国开疆拓土。由此，一个有趣而严肃的话题便值得注意了，那就是看似客观的历史经验在借鉴时往往依据举证人的立场具有强烈的主观性，这样的例证在早期历史中便已出现。西周建立后，面对强大的商遗民，周族统治者必须宣扬代替商王朝的合理性，于是便"改铸历史"，造出很多违背史事的说辞，以稳固新生政权的统治。②

《郑文公问太伯》中太伯在劝谏郑文公时，追述郑桓公、武公、庄公、昭公、厉公的历史，各位先君的历史功绩虽然不同，但其中一个主题是一以贯之的，那便是在诸侯林立的时代，建立强大的郑国。相关简文内容在第二章中已经较为详细地结合传世文献进行了分析，于此强调的是，太伯在论述昭厉之乱时提到"为是牢鼠不能同穴，朝夕斗阋，亦不逸斩伐"③，意思是即使昭公、厉公兄弟阋于墙，导致国家内乱，也没有放弃对外的征伐。通篇概览简文，太伯大篇幅举出的郑国历史虽然具有史料价值，但绝非是其论证核心，面对年幼

---

① 清华大学出土文献研究与保护中心编，李学勤主编：《清华大学藏战国竹简（陆）》，上海：中西书局，2016年，第104页。
② 晁福林：《改铸历史：先秦时期"以史为鉴"观念的形成》，《文史知识》，2010年第8期。
③ 清华大学出土文献研究与保护中心编，李学勤主编：《清华大学藏战国竹简（陆）》，上海：中西书局，2016年，第119页。

却安于享乐的郑文公，太伯是想用这些历史经验告诫他要积极为政，重用贤臣，克制自己的享乐。

在太伯谏言的最后，又以商王朝的历史对文公进行警示，说道："吾若闻夫殷邦，汤为语而受亦为语。"①依据春秋时人对商代历史的普遍理解，三代的开创者都是圣王，三代的亡国之君都是昏君，而商纣王正是亡国于"酒池肉林"②的安逸淫乐和妲己带来的"女祸"，太伯用这样的历史教训告诫文公要警惕"荆宠"。太伯所举历史均是针对郑国当时的现实政治情况而言的，体现了太伯政治思想中对历史经验的重视，这也是中国早期政治思想的一个特征。

《子产》中也不乏通过历史经验举证用以的举例说明现实之问题。简文开篇便用"昔之圣君"引出论述。在正面论述"有道之君"可以"答天""通神""徕民""得贤""御害伤"时，便谓"先圣君所以达成邦国也"。在论述君主要任用贤能时，便说要"察昔前善王之法律"③。而在反面论述不好的政治行为时，便以"古之狂君"谓之。用历史上的经验来说明现实问题具有一定的说服力，这是一种话语方式，而非真的回溯历史，这与太伯的方式显然不同。

当然，《子产》也有真实的历史经验的借鉴。在论述子产铸刑法的内容，包括郑令、野令、郑刑、野刑时，分别提及"肆三邦之令"与"肆三邦之刑"。肆，即习也，三邦，即夏、商、西周三代。④据简文，子产在颁布郑令、野令时效法学习了三代的政令，在颁布郑刑、野刑时也效法学习了三代的刑法。《左传·昭公六年》载"夏有乱政，而作禹刑；商有乱政，而作汤刑；周有乱

①清华大学出土文献研究与保护中心编，李学勤主编：《清华大学藏战国竹简（陆）》，上海：中西书局，2016年，第119页。
②《史记·殷本纪》载，商纣王"以酒为池，悬肉为林"。详见：[汉]司马迁：《史记》卷3《殷本纪第三》，北京：中华书局，1959年，第105页。
③清华大学出土文献研究与保护中心编，李学勤主编：《清华大学藏战国竹简（陆）》，上海：中西书局，2016年，第138页。
④清华大学出土文献研究与保护中心编，李学勤主编：《清华大学藏战国竹简（陆）》，上海：中西书局，2016年，第143页。

政，而作九刑"①，历史上的禹刑、汤刑、九刑显然就是子产铸刑法内容的主要依据。实际上，区分国野之别也是袭承周代的国野之制，这本身便是借鉴历史经验。②

综上，清华简郑国史料中有着丰富的政治思想内容，其主要集中在《郑武夫人规孺子》《郑文公问太伯》和《子产》三篇简文中，这为春秋时期的政治思想史研究提供了十分宝贵的史料。通过详细分析简文文意，结合传世文献，可对天命观、用人观、重民观、历史观等政治思想进行更深入的挖掘。

第二节　清华简所见子产"铸刑书"及其刑法思想

子产执政使得郑国在春秋晚期获得了一定的发展，子产的改革也是继管仲之后，春秋历史上重要的一次改革，为战国大变法拉开序幕。在子产的执政与变法中，"铸刑书"可谓重中之重，影响极大。清华简《子产》中不乏对子产"铸刑书"内容记载，反映了子产的刑法思想，这也是清华简所载郑国史料政治思想的重要体现。

一、清华简所见子产"铸刑书"及相关问题

子产"铸刑书"在郑国历史、春秋晚期历史乃至中国古代法治史中是一件影响很大的事件，在当时及后世产生了极大的争议。史籍记载，子产将刑法铸在鼎上，以公示天下，这在当时便引起了晋国大夫叔向的反对。（事见《左传·昭公六年》）由于子产"铸刑书"在周代由礼向法演变中的特殊地位，学界对其讨论亦十分广泛。但囿于传世文献记载的有限，诸多讨论只围绕子产"铸刑书"的形式与历史意义，却未触及"铸刑书"之内容。③清华简《子产》公

①杨伯峻：《春秋左传注》，北京：中华书局，2016 年，第 1412 页。
②赵世超：《周代国野制度研究》，西安：陕西人民出版社，1991 年，第 335—337 页。
③刘光胜：《德刑分途：春秋时期破解礼崩乐坏困局的不同路径——以清华简〈子产〉为中心的考察》，《孔子研究》，2019 年第 1 期。

布后，其关于"铸刑书"内容的记载引起了学界的重视。①下文结合清华简
《子产》，对子产"铸刑书"的内容、特征以及历史评价进行论述。

（一）清华简所见子产"铸刑书"的内容

关于子产"铸刑书"的内容，简文记载如下：

> 子产既由善用圣，班好物俊之行，乃肆三邦之令，以为郑令、野
> 令，导之以教。乃迹天地、逆顺、强柔，以咸全御；肆三邦之刑，以
> 为郑刑、野刑，行以尊令裕仪，以释亡教不辜。此谓张美弃恶。②

据简文，子产"铸刑书"的主要内容便是令与刑，而令与刑之下又细分郑
令、野令与郑刑、野刑，此四种令、刑均袭承自三代。

令，《说文》解释为"发号也。从亼、卪"，③在商周时期的甲骨、金文与
简牍材料中也多有"令"字的记载，常与"命"通。④商周时期作为"政令"
而言的"令"是明确的、存在的。《逸周书·王会解》载商初之时有"四方献
令""四方令"，今本《竹书纪年》"（汤）二十五年，初巡守，定献令"与之
互证。西周早期的令方彝还有"三事令""四方令"（《诸子集成》9901）的
记载，也可证明之。实际上，《尚书》诸篇中的"誓""诰""训"等都是带
有强制性的文体，这些都是广义的"政令"。应该看到的是，早期作为"政令"
含义的"令"乃至"誓""诰""训"，大多为"就事论事"，不具备长久性与

---

①详见王捷：《清华简〈子产〉篇与"刑书"新析》，《上海师范大学学报》（哲学社会科
学版），2017年第4期。王沛：《子产铸刑书新考：以清华简〈子产〉为中心的研究》，
《政法论坛》，2018年第2期。
②清华大学出土文献研究与保护中心编，李学勤主编：《清华大学藏战国竹简(陆)》，上海：
中西书局，2016年，第138页。关于简文所体现的子产"铸刑书"的内容有哪些，学界是
有争议的。整理者主张子产刑书可以分为野、粟、兵三部分，而有学者主张疑"野三分，
粟三分，兵三分"似乎不属于刑书内容，而是《左传·昭公六年》叔向所说的"作丘赋"。
详见刘光胜：《德刑分途：春秋时期破解礼崩乐坏困局的不同路径——以清华简〈子产〉
为中心的考察》，《孔子研究》，2019年第1期。学界普遍认为简文所见子产"铸刑书"的
核心内容为郑令、野令与郑刑、野刑，因此不再从子产"铸刑书"内容的角度对简文"野
三分，粟三分，兵三分"等内容进行解读。
③许慎：《说文解字》，北京：中华书局，2013年，第184页。
④详见高明、涂白奎：《古文字类编》，上海：上海古籍出版社，2008年，第56页。

稳定性。这与战国秦汉简牍中"律令"含义的"令"是有所区别的。那么子产"铸刑书"中的"郑令""野令"是早期意涵的政令还是已经具备了后代律令的特征了呢？从简文"令"具有"导之以教，乃绎天地、逆顺、强柔，以咸禁御"①的目的，以及其所处的春秋晚期——变革日益剧烈的时代来看，《子产》所谓"郑令、野令"更具有战国秦汉简牍中"律令"意涵的倾向。可见，子产"铸刑书"中的"郑令""野令"是在参照"三邦之令"的基础上总结而来的，即子产将三代的"政令"进行总结，形成符合郑国国情的长久稳定的"律令"，以教化百姓，稳固政治。

刑，《说文》解释为："刑，剕也，从刀开声。"②在传世文献多有上古时期"刑罚"的记载，如《禹刑》《汤刑》《九刑》《吕刑》等，但这些均源自《左传》《吕刑》《周礼》等学界公认成书较晚的文献，因此早期"刑"的意涵还当从较为确信的殷商、西周文献中去探寻。在古文字中，"形""刑""型"都由"井"字分化而来，甲骨文中有"井"字，多指人名、地名。西周金文中，"井"字的意涵逐渐丰富。西周金文中常见表"效法"含义的"井"，如：

(1) 望肇帅井皇考，虔夙夜，出入王命，不敢不彶不妻。（师望鼎，《古今图书集成》2812）

(2) 令汝盂井乃嗣祖南公。（大盂鼎，《古今图书集成》2837）

(3) 用井乃圣祖考，邻明令辟前王，事余一人。（师訇鼎，《古今图书集成》2830）

此三则金文中的"井"都是效法祖先的意思，为动词。此外，金文与传世

---

①清华大学出土文献研究与保护中心编，李学勤主编：《清华大学藏战国竹简(陆)》，上海：中西书局，2016年，第138页。

②许慎：《说文解字》，北京：中华书局，2013年，第87页。

文献中还有"明（盟）井（刑）"的记载。毛公鼎铭文作"明井"（《古今图书集成》2841），叔夷钟铭文作"盟井"（《古今图书集成》274），别有叔夷钟铭文作"盟刑"（《古今图书集成》285），而传世文献《诗经·大雅·抑》《逸周书·皇门》均作"明刑"。王沛通过对比简文《皇门》与金文中的词例，认为应当从行为准则、社会规范、伦常原则的角度来揭示"刑"的内涵，与"彝""常"等类似，并无"刑罚"的含义，而应将之解释为准则、规则。①这一观点是值得参考的。需说明的是，早期"井"或"刑"无"刑罚"之义，不代表三代历史上没有刑罚。与"政令"含义的"令"相似，早期的刑罚虽是普遍存在的，却未有法律意义的具有长久性与稳定性的惩罚，且尚未冠有"刑"之概念。那么清华简《子产》中的"郑刑、野刑"当指后世的刑罚而言还是效法而言的呢？有学者认为："郑刑、野刑是指型效先王、垂范后世的法律形式，而郑令、野令指颁行的具体命令或法令。"②这种观点将"刑"指向了其早期的意义。然而纵观简文，作为"铸刑书"重要内容的郑刑、野刑更应指刑罚而言，将刑罚公示出来，才能做到"以释无教不辜"③。范云飞认为《子产》从"令""刑"两个角度展开论述。"令"是积极的，有教化的意味；"刑"是消极的，乃刑罚之谓。④此一说法可以遵从。

　　子产"铸刑书"的另一重要内容是刑与令的国、野之别。简文记载郑，即国，郑令、郑刑都是指国都内的刑罚和律令。国野制度是周代重要的行政区划政策，《周礼》开篇就是"体国经野"⑤。一般而言，国是统治者及贵族们所

---

①参见王沛：《刑名学与中国古代法典的形成——以清华简、〈黄帝书〉资料为线索》，《历史研究》2013年第4期。

②王沛：《子产铸刑书新考：以清华简〈子产〉为中心的研究》，《政法论坛》，2018年第2期，第168页。

③清华大学出土文献研究与保护中心编，李学勤主编：《清华大学藏战国竹简（陆）》，上海：中西书局，2016年，第138页。

④范云飞：《〈清华陆·子产〉"尊令裕义"解》，武汉网，2016年10月18日。

⑤［清］阮元校刻：《十三经注疏·周礼注疏》，北京：中华书局，1980年，第639页。

居住的地方，而野则是围绕国的周边区域，是底层被统治者居住的地方。国与野，又有不同的称谓如"都鄙""乡遂"等。在西周时期，国人与野人有着严明的阶层区别，例如在作战中，只有国人有参战的资格，野人则没有。由于此见，统治者在治理国人与野人上也有着明显的区别。从清华简《子产》的记载可知，子产在"铸刑书"中，也体现着国与野在政令与刑法上的区分，这是对传统政治的一种继承。

从简文的记载中，还能看出子产"铸刑书"的目的。子产颁布"郑令、野令"的目的是"导之以教，乃绎天地、逆顺、强柔，以咸禁御"①。以行政命令正向地导向教化，让国人与野人都能知道天地、逆顺、强柔这些道理，也知道该禁止什么。子产颁布"郑刑、野刑"的目的是"行以峻命裕仪，以释无教不辜"。峻命，指严厉法令；裕仪，指宽缓的礼法。简文意思是以公示厉法宽礼的方式，避免国人、野人因为未受到教化而无辜犯罪，这是从反向警醒的意义而言的。正如日本学者籾山明对子产"铸刑书"的解读：其一是对违法行为明确表示相应的刑罚规定，由此赋予规范以稳定性；其二是通过公开的手段，将民众与统治者置于平等法主体的位置之上。②关于刑法的公示与教化等问题涉及子产的刑法思想，待下文专述。

（二）清华简所见子产"铸刑书"的特征

关于子产"铸刑书"的特征，刘光胜从内容方面总结了四点，即取法三代；令、刑两分，令主刑辅；因地制宜，区分国、野；效法天道，刚柔相济。③实际上子产"铸刑书"的特征可从两个大的方面去分析，即内容与形式。

---

①清华大学出土文献研究与保护中心编，李学勤主编：《清华大学藏战国竹简（陆）》，上海：中西书局，2016年，第138页。
②杨一凡，［日］寺田浩明主编：《日本学者中国法制史论著选·先秦秦汉卷》，北京：中华书局，2016年，第211页。
③刘光胜：《德刑分途：春秋时期破解礼崩乐坏困局的不同路径——以清华简〈子产〉为中心的考察》，《孔子研究》，2019年第1期。

从内容的角度看，子产"铸刑书"的一个主要特征便是：在继承的基础上对三代以来的法制传统进行"损益"。所谓继承，简文记载子产"铸刑书"的主要内容——郑令、郑刑、野令、野刑均是在参照"三邦之令""三邦之刑"的基础上总结而来的，而子产将令、刑区分国野，也确实是西周国野制度的袭承。其实，早在管仲主政齐国的时代，便已经通过"叁其国而伍其鄙"①的方式对西周旧有的国野制度进行了改革。子产"铸刑书"只分国野而得到了"都鄙有章"的好评，②相较管仲改革而言确实有"保守"之嫌。所谓"损益"，子产"铸刑书"的内容虽然参照了三代法制之内容，却在新的历史条件下进行了突破。三代的政治现实中已经普遍存在令与刑，而彼时的令与刑多是政令性质的，不具备战国、秦汉时期的律令意义的长久性与稳定性。结合简文内容，子产"铸刑书"的令与刑则更具有律令的意味。可见，子产"铸刑书"是三代早期法制向战国秦汉成熟的律令时代转型的重要节点。

从形式的角度看，子产"铸刑书"的另一个特征是：中国历史上第一次公开成文法。陈顾远早已指出从春秋时代郑国子产铸刑书起，便渐次脱离了秘密法的阶段，走上了形式法的大道。③此一观点可谓灼见。实际上，西方学界对子产公开刑书的意义认知得更为敏锐，因为在西方历史中"十二铜表法"的颁布具有同样的意义。史华兹认为子产公开刑法典的动机，似乎正在于避免模糊而任意地控制民众行为的方法，④这一论说确实有将其与"十二铜表法"相提并论的味道。总之，子产"铸刑书"公开成文法不仅是其重要的特征，也具有特别的历史意义。

（三）子产"铸刑书"的历史评价

由于角度不同，子产"铸刑书"的历史评价是个较为复杂的问题，上文涉

---

①徐元诰撰，王树民、沈长云点校：《国语集解》，北京：中华书局，2002年，第219页。
②杨伯峻：《春秋左传注》，北京：中华书局，2016年，第121页。
③陈顾远：《法治与礼治之史的观察》，《复旦学报》1944年第1期。
④［美］本杰明·史华兹：《古代中国的思想世界》，南京：江苏人民出版社，2008年版，第442页。

及子产"铸刑书"的两大方面特征，即在继承的基础上对三代以来的法制传统进行"损益"和中国历史上第一次公开成文法，便已经阐明其历史意义了。然而关于子产"铸刑书"的历史评价仍有一个重要问题不得不讨论，即春秋晚期晋国贤良大夫叔向对子产"铸刑书"予以明确的反对，究其原因是什么呢？

《左传·昭公六年》记载了叔向反对的理由：

三月，郑人铸刑书。叔向使诒子产书，曰："始吾有虞于子，今则已矣。昔先王议事以制，不为刑辟，惧民之有争心也。犹不可禁御，是故闲之以义，纠之以政，行之以礼，守之以信，奉之以仁，制为禄位，以劝其从，严断刑罚，以威其淫。惧其未也，故诲之以忠，耸之以行，教之以务，使之以和，临之以敬，莅之以强，断之以刚，犹求圣哲之上、明察之官、忠信之长、慈惠之师，民于是乎可任使也，而不生祸乱。民知有辟，则不忌于上。并有争心，以征于书，而徼幸以成之，弗可为矣。

夏有乱政，而作《禹刑》；商有乱政，而作《汤刑》；周有乱政，而作《九刑》。三辟之兴，皆叔世也。

今吾子相郑国，作封洫，立谤政，制参辟，铸刑书，将以靖民，不亦难乎？《诗》曰：'仪式刑文王之德，日靖四方。'又曰：'仪刑文王，万邦作孚。'如是，何辟之有？民知争端矣，将弃礼而征于书，锥刀之末，将尽争之。乱狱滋丰，贿赂并行。终子之世，郑其败乎？肸闻之：'国将亡，必多制'，其此之谓乎！"①

以上叔向写信责怪子产"铸刑书"主要说明以下四个问题。其一，先王为政重德行，不为刑；其二，如果重刑，则民"不忌于上""有争心"；其三，三代刑法的制作都是在混乱之时；其四，国家要衰亡才会有繁多的制度，子产

---

① ［清］阮元校刻：《十三经注疏·春秋左传正义》，第2043—2044页。

"铸刑书"必然导致郑国的衰败。

然而，值得玩味的是简文所见子产刑法思想恰恰具有德性，子产也极为重视礼制与教化，即郑令、郑刑、野令、野刑的内容均符合三代以来德性政治的理念，于此下文详述。那么叔向对子产"铸刑书"的反对就当从形式上——公开成文法的角度去理解了。

在西周的政治传统中，往往存在着统治理念，即君主要"无为"，减少对各个氏族的管理，如西周晚期周宣王欲"料民于太原"，便遭到了贵族们的反对。这种观念与当时的社会形态——血缘氏族社会有所关联。因此，从传统的治理角度来看，叔向反对子产"铸刑书"是有道理的。但是，历史进入到了春秋晚期，西周的礼制与血缘理论基础上的德行已经难以维系统治。一方面，大国争霸的历史背景下，许多诸侯国实行变法得以图霸或生存；另一方面，诸侯国内出现卿大夫专权的现象，如鲁国的"三桓"、郑国的"七穆"及晋国的"六卿"等。卿大夫专权改变了既有的政治秩序，因此政治改革也势在必行。郑国地处四战之地，至春秋晚期子产执政时已然衰微，不得不在晋、楚夹缝中生存，而郑国国内"七穆"争斗激烈，子产执政，以"铸刑书"的方式公布郑令、郑刑、野令、野刑，稳固国内各方势力，这既符合时代需求，也符合国内外局势。

子产"铸刑书"不久，公元前 513 年，晋国亦铸刑鼎。从三代的血缘氏族社会到战国秦汉律令时代，在由礼向法转型的过程中，子产"铸刑书"更具积极的历史意义。

二、清华简所见子产的刑法思想及其性质判断

上文已述清华简《子产》所记载子产"铸刑书"的内容、特征以及历史评价，结合全篇简文亦能对子产刑法思想进行总结，并可在子产刑法思想的性质判断中窥见春秋晚期儒、法思想分离的脉络。

（一）清华简所见子产的刑法思想

纵观清华简《子产》，子产刑法思想具有"德性"的政治倾向。德是先秦思想史中一个重要的范畴。甲骨文中有"𢛳"字，诸多学者认为这便是商代的"德"字。[①]那么商代的德是否为道德的含义呢？这也是学界争议的一个难题。但学界公认的是，至少在周人克商之后，德有了道德的意义，"以德配天""敬德保民"均是这层含义。德性，本为古希腊语，意思是"卓越的""好的"。[②]德性政治的含义便是指向"好的政治""善的政治"，即政治的合理性。这样的一种思想在商周时期已经有所体现，前文所述"三简文"中的政治思想也属于德性政治的范畴——顺应"天命"、重视贤良、安民固本、以史为鉴等都说明了政治运行是符合德性的，即具备合理性。就子产的刑法思想的"德性"倾向而言，除上文已述诸方面外，清华简《子产》还有诸多体现。

其一，重"信"。《子产》简文共有11处"信"字的记载，就千余字的简文总体来说并非是一个小的比例。具体来说，简文涉及"信"的内容分为三个部分：

（1）昔之圣君，取处于身，勉以利民，民用信之；不信不信。求信有事，浅以信深，深以信浅。能信上下，乃周。

（2）子产所嗜欲不可知，内君子亡辨。官政怀师粟当事乃进，亡好，曰："固身谨信。"谨信有事，所以自胜中，此谓无好恶。

（3）子产传于六正，与善为徒，以懋事不善，毋兹违拂其事。劳惠邦政，端使于四邻。怠辨懈缓，更则任之，善则为人。勋勉救善，以助上牧民。民有过失，教佚弗诛，曰："苟我固善，不我能乱，我是荒怠，民屯废然。"下能式上，此谓民信志之。[③]

---

①温少峰：《殷周奴隶主阶级"德"的观念》，《中国哲学》第八辑，北京：生活·读书·新知三联书店，1982年，第35—37页。程邦雄，谭飞：《"德"字形义溯源》，《殷都学刊》，2010年第1期。

②刘玮：《用智慧驯化勇敢：古希腊德性政治的演进》，《道德与文明》，2021年第1期。

③清华大学出土文献研究与保护中心编，李学勤主编：《清华大学藏战国竹简（陆）》，上海：中西书局，2016年，第138页。

以上三则简文中的"信"用法并不一致，需要细致分析。简文（1）中，"民用信之"的信是动词信任的意思，"不信不信"，整理者意云自身不信者，民即不信，[1]有事，即有道。"求信有事"可以理解为通过信任的方式达到有道的状态，求为动词，信当为名词，是一种信德之义。深浅，指水的深浅程度，引申指事物的轻重、大小、多少等。[2]深、浅互信，引申指对立或者不同阶层、状态的人可以达到互相信任的程度，这也是"有道"的一种状态。周，是亲密的含义。《论语·为政》："君子周而不比，小人比而不周。"杨伯峻注："'周'是以当时所谓道义来团结人，'比'则是以暂时共同利害互相勾结。"[3]上下乃周，便是一种上下亲密的状态，这是"能信"的结果。这里的信，应是名词，表信德。简文（2）主要的意思就是子产的用人标准，不是依据自己的"欲""好恶"，而是坚守准则，即"自胜中"。这个准则便是"君子"的品性与能力，即"固身谨信"，意思是坚持自身的原则，为人严谨诚信。"谨信有事"，与前文同，意思是以严谨诚信的方式达到有道的状态。这样的信，也是信德之义。简文（3）主要记载两方面内容，即任用贤能和宽缓待民。"苟我固善，不我能乱；我是荒怠，民屯废然"的大意是："稳固自己的本职与品性，不能荒怠，否则民也会颓废。""下能式上"，就是民会效法统治者。"民信志之"整理者认为"'志'通'识'字，意云民信而记识之。"[4]这样的理解恐怕过于简单。"志之"，与前文"式上"吻合，意思是民效法统治者，以统治者的言行、品性为志向。信，如果理解为信任，则显突兀。这里的信应该是副词，意为"确实"表示强调。先秦文献中以信表示副词"确实"的例子有

①清华大学出土文献研究与保护中心编，李学勤主编：《清华大学藏战国竹简（陆）》，上海：中西书局，2016年，第139页。

②朱忠恒：《〈清华大学藏战国竹简（陆）〉集释》，武汉大学硕士学位论文，2018年，第143页。

③杨伯峻：《论语译注》，北京：中华书局，2014年，第17页。

④清华大学出土文献研究与保护中心编，李学勤主编：《清华大学藏战国竹简（陆）》，上海：中西书局，2016年，第142页。

"信。噫！公命我勿敢言"①"申伯信迈"②等。

通过以上分析，简文《子产》的"信"有动词"信任"、名词"信德"和副词"确实"三种用法，且这三种词性有着内在的联系，即都是一种积极的指向，是认可与诚信的态度。《子产》对"信"的重视，体现了子产的刑法思想不是单纯地将"刑与令"进行公示，而是提倡一种社会普遍的信任感，这是德性政治的一种表现。

其二，重"和"。与"信"相同，"和"也是先秦时期一个重要的伦理范畴。《子产》简文共有4处"和"字的记载，可分三部分内容，见于下文：

（1）有道之君，能修其邦国，以和民。和民有道，在大能政，在小能支；在大可久，在小可大。

（2）为民刑程，上下维辑。

（3）处温和惠，可用而不遇大国，大国故肯作其谋。③

以上三则简文的"和"含义大致相同。简文（1）"和民"，即团结民众，取得民心。简文（2）"上下维辑"，也是指统治者和民众的亲密、团结状态。简文（3）仪为效法，勋为率领，"仪勋和惠"便是效法者（民众）与引领者（统治者）和睦，团结的状态。如果达到这样的政治状态，那么大国也不会与之为敌，如果为敌，也必然不敢小觑，需认真筹谋。三则简文的意思一致，即上下达到"和"的状态，国家就会稳固强大。

子产的刑法思想十分重视"和"的理念，简文记载"为民刑程，上下维辑"便是体现了"刑"与"和"的联系。只有让百姓知道刑法的程式，民众知刑法不去触犯，贵族也不能随意惩处盘剥民众，才能达到"上下维辑"的政治环境。这样的政治可以做到"在大能政整，在小能枝；在大可久，在小可大"，

---

① ［清］阮元校刻：《十三经注疏·尚书正义》，北京：中华书局，1980年，第197页。
② ［清］阮元校刻：《十三经注疏·毛诗正义》，北京：中华书局，1980年，第567页。
③清华大学出土文献研究与保护中心编，李学勤主编：《清华大学藏战国竹简(陆)》，上海：中西书局，2016年，第137—138页。

这是一种稳固的政治。

其三，重"礼"。先秦时期，尤其是西周，礼是最为核心的统治方式之一，礼是治国的根本原则。①简文中所体现的子产的刑法思想也十分重视礼，认为"整政在身，文理、形体惴嘌缓，恭俭、整齐异见有秩秩所以从节行礼，行礼践政有事，出言覆"，②即要求统治者从自身做起，言行谨慎。子产推倡刑法，却也维护周代的礼制，这种"礼法并重"的思想是符合春秋时期的历史趋势的。西周时期的礼本是一种等级规范，到了春秋晚期，思想家们开始重视礼在政治统治中的本质内涵。而刑法本来是对违背礼的处罚，在春秋晚期也逐渐成为国家统治的一种手段。在更为动荡的战国时期，礼与法更是逐步合流，到了荀子的时代"礼法一也"便顺其自然了。清华简《子产》中对礼的记载，不仅局限在形体、举止、行为、衣着等具体规范上，也谈及"行礼践政有事"③，即通过实行礼达到政治上有道的状态，这是对礼本质的理解。

提及礼，便不得不提到教，礼得以实践的一个重要基础，便是教化。《子产》简文记载"导之以教""以释无教不辜"④，倡导对民的教化，这既是礼教的一种形式，也是推广刑法的一种表现。教化民众，可以分为两种方式：一种方式是告知民众应该做什么、不该做什么，即前文所述的令与刑；另一种方式是统治者以身作则，让民众效法，从而达到引导民众言行举止的目的。简文多次提到"仪"，即统治者作为表率，让民众信之，志之，与效法。

行文至此，从《子产》可以总结出子产刑法思想有"重信""重和""重礼"以及前文所述的遵天命、重贤臣、安民众、循历史等德性政治的特征。这

①刘泽华：《中国政治思想史集》（第一卷，先秦政治思想史），北京：人民出版社，2008年，第91页。
②清华大学出土文献研究与保护中心编，李学勤主编：《清华大学藏战国竹简（陆）》，上海：中西书局，2016年，第137页。
③清华大学出土文献研究与保护中心编，李学勤主编：《清华大学藏战国竹简（陆）》，上海：中西书局，2016年，第137页。
④清华大学出土文献研究与保护中心编，李学勤主编：《清华大学藏战国竹简（陆）》，上海：中西书局，2016年，第138页。

里有个问题需要特别说明，即这样的思想是子产的刑法思想还是清华简《子产》作者借子产之名阐发自己的政治思想呢？这便与《子产》的性质有所关系了。李学勤指出："一批随葬的竹简，反映了墓主人的思想和学术倾向。……清华简的墓主人，可能是史官一类的人。"[1]如果墓主人是史官，而非作者的托古之辞，清华简又反映墓主人的思想倾向，则《子产》的史料价值便很大。李先生还将《子产》与《郑书》相关联，[2]这更能说明《子产》的记载是符合历史上子产言行的，可以较为准确地反映出子产的刑法思想以及政治思想。

（二）子产刑法思想的性质判断

子产生活在春秋晚期，应略早于老子与孔子，这是礼崩乐坏的时代，也是"百家争鸣"的前奏。那么清华简《子产》中所反映的子产刑法思想具有怎样的性质？下文即从诸子发生学的角度，对子产刑法思想的性质进行判断。

关于诸子百家的产生，学界争议已久。实际上，任何思想都离不开时代的土壤，西周形成的天命观、血缘基础上的伦理观、宗法基础上的礼制观被春秋战国的大变革时代所摧毁，这些思想也在新的时代被消化而转型，正如《庄子·天下》所说的"道术将为天下裂"[3]。春秋晚期至战国时期以儒、墨、道、法为代表的诸子百家思想虽有所突破，甚至被称为"轴心时代"，但他们无不与西周乃至三代的文化有着密切的关联。子产所处的时代，正是"道术将为天下裂"的质变节点——西周礼乐文明的变化开始于西周晚期，经历春秋时期的过渡，至春秋晚期开始质变，孕育出了战国秦汉的新文明。在这一思想发展脉络下理解子产刑法思想的性质。

其一，子产重视西周文明中德与礼的内在精神。据前文，清华简《子产》处处彰显着德性、礼制等内容，子产"铸刑书"的核心——郑令、郑刑、野

①李学勤：《清华简与〈尚书〉〈逸周书〉的研究》，《史学史研究》，2011年第2期。
②李学勤：《有关春秋史事的清华简五种综述》，《文物》，2016年第3期。
③［清］郭庆藩撰，王孝鱼点校：《庄子集释》，中华书局，1961年版，第1069页。

令、野刑均参照了三代文明尤其是西周的礼乐文明。子产"铸刑书"的目的是"导之以教，乃绎天地、逆顺、强柔，以咸禁御"，是"导之以教""以释无教不辜"[1]，可见子产将德与礼的教化作为其改革的重要精神内核。

其二，子产重视令、刑为代表的新兴法制体系。不同于三代令、刑的不稳定性与随机性，子产"铸刑书"的郑令、郑刑、野令、野刑更倾向于后代的律令。子产还将成文法予以公示，让氏族成员以及脱离氏族的民众都了解令与刑，进而稳固统治，实现"都鄙有章"。

其三，在大变革时代，子产企图以令、刑的律法形式维护德、礼的内在精神，却在儒、法的分途中失败。子产之后，孔子创立儒家学派，提出"克己复礼"[2]，希望通过恢复西周礼乐文明达到社会秩序的重建。战国时期各国纷纷进行更为激烈的变法，其内容都是对西周旧制的革新，区域性的君主专制中央集权纷纷建立，法家大行其道。经申不害、慎道、商鞅的理论总结与实践，各国都意识到只有法家的变法才能完成中央集权的建立，从而提高国家力量，在大争之世获得生存。秦国经商鞅变法更成为其中佼佼者，统一已是大势所趋。战国晚期，荀子提倡礼制，却培养了韩非和李斯两位重要的法家人物，所谓"礼法一也"，战国"百家争鸣"终以法家指引的秦的统一而告终。从春秋晚期儒家的创立到战国变法中法家的发迹，儒、法分途令子产以令、刑的律法形式维护德、礼的内在精神的设想失败。

小　结

清华简涉郑国史料所蕴含的政治思想集中在《郑武夫人规孺子》《郑文公

---

①清华大学出土文献研究与保护中心编，李学勤主编：《清华大学藏战国竹简（陆）》，上海：中西书局，2016年，第138页。
②程树德撰，程俊英、蒋见元点校：《论语集释》，北京：中华书局，1990年，第817页。

问太伯》和《子产》三篇简文中。本章通过详细分析简文文意，结合传世文献，对天命观、用人观、重民观、历史观等政治思想进行深入的挖掘。其一，三篇简文既继承了商周以来的天神信仰，也突显了人是历史与政治的主题，这与周代天命观的演进是一致的。其二，三篇简文都强调"重贤臣，远小人"，其实即使在血缘维系更加紧密的西周时期，在贵族政治内部也采用"选贤任能"的用人原则。简文的"重贤臣，远小人"思想经过诸子的理论化，成为中国古代政治思想中十分重要的理念。其三，三篇简文都重视安民的政治方针。无论是血缘时代的氏族之民还是处在血缘逐渐崩坏中的庶民，统治者及思想家都重视民的生存状态，其目的则是维护统治。因此，古代中国政治思想中重民与尊君并不矛盾。其四，三篇简文十分重视历史经验对政治的影响，这一传统至迟在西周早期就已经形成，但是历史的经验往往具有主观性，这是需要注意的问题。

清华简《子产》所记载的子产"铸刑书"的内容，反映了子产的刑法思想，这也是清华简郑国史料所载政治思想的重要体现。以往由于史籍的缺载，学界只关注子产"铸刑书"在公开律法上的意义，无法讨论"铸刑书"的内容。从清华简《子产》记载的"郑令、野令、郑刑、野刑"可知，"铸刑书"的内容包括国野的区分，也包括令与刑的差别，这是难能可贵的材料。而纵观《子产》简文，可总结出子产刑法思想"德行"的特征，包含了"重信""重和""重礼"等内容，这与其所处的春秋晚期的时代过渡性密切相关。

总之，清华简所涉郑国史料所蕴含的政治思想是极为重要的，这不仅仅就郑国史研究而言，更为中国思想史、法制史的研究提供了新的史料和视角。

结

语

结　语

　　清华简中所涉郑国的简文主要包括《系年》《良臣》《郑武夫人规孺子》《郑文公问太伯》和《子产》五篇。这些简文文献性质虽有不同，却极具史料价值，为郑国历史研究提供了宝贵的新史料。以清华简所涉郑国简文为依据，笔者对清华简所涉郑国相关简文进行了汇整，并对简文所见郑国历史的重大事件进行考辨，对清华简所涉郑国史料中的政治思想等进行了梳理和探析。

一、本书主要观点

　　由于先秦史料的特殊性，先秦历史研究的第一要务是弄清文献的性质问题，此一点对于传世文献而言当无异议，于出土文献而言，对甲骨文、金文的分期，对简文的性质判断等问题也是最为重要的任务。就本书而言，以"清华简所见郑国史事考"为题目，势必要先对以上所述的五篇涉郑简文进行全面梳理和辨析。

　　首先，本书以清华简文的出版时间为基准，对清华简所涉郑国简文进行汇整，①其中或有不恰当之处，但在一定程度上深化了对简文的认识，可供后续

---

①清华简简文的整理情况是学界公认较好的，而且每次新简公布都有各种读简会和网络讨论，而且不久后便有硕博论文进行每篇的集释工作，这些都极大地便利了简文的阅读。本书在简文汇整之时，并未将所有说法进行集释，而是选择较有代表性，或有助于简文通读的观点。

研究者参考。

以出版时间为基准，清华简相关篇目汇总

出版年份	篇目	原整理者
《清华简二》，2011 年 12 月	《系年》	李学勤
《清华简三》，2012 年 12 月	《良臣》	李学勤
《清华简六》，2016 年 4 月	《郑武夫人规孺子》	李学勤
	《郑文公问太伯》（甲、乙）	李学勤
	《子产》	李学勤

注：清华简《晋文公入于晋》也有郑国历史相关的记载，但仅有一句"反郑之陴"，于此便不再特意单独列举。

其次，对清华简所涉郑国各简文的文本性质和史料价值进行分析。通览清华简所涉郑国各类简文的文本内容，不难发现上述五篇简文的性质有着较大的差异。《系年》是纪事本末体史书，[①]《良臣》接近书类文献，[②]《郑武夫人规孺子》《郑文公问太伯》是纪事类文献，而《子产》则是论说类文献。[③]由于性质不同，各文献内容的侧重不同，写作章法也各异，甚至由于简文的抄写者不同，还造成了晋系文字和楚系文字不同的差别。但是从各篇文献的内容及用语习惯来看，《郑武夫人规孺子》和《郑文公问太伯》应是当时的纪实性材料，而《系年》和《良臣》虽然是加工后的材料，但是由于是史类和书类文献，其记载也必有所依据。从《子产》记载的思想特征看，虽然其中有儒家教化的倾向，但与战国诸子文章差别较大，应该是孔子时代或略早时期的作品。这样，五篇简文最早成文于春秋早期，最晚出的文献也不过战国早中期，所以五篇简文的成文年代均不算晚，且可信性较强。

①廖名春：《清华简〈系年〉管窥》，《深圳大学学报》，2012 年第 3 期；许兆昌、齐丹丹：《试论清华简〈系年〉的编纂特点》，《古代文明》，2012 年第 2 期。
②马楠：《清华简〈良臣〉所见三晋〈书〉学》，《中国高校社会科学》，2013 年第 6 期。
③李学勤：《有关春秋史事的清华简五种综述》，《文物》，2016 年第 3 期。

　　五篇简文的性质决定了其可信性较强，这便是其最大的史料价值了。除此之外，清华简所涉郑国简文有助于对郑国宏观历史的把握。清华简所涉郑国简文的一个明显特征便是整体性。揉碎简文篇目，按照时间顺序将之重新排布，不难发现，清华简几乎记载了郑国历史的整体面貌。相关简文有助于对郑国历史相关细节的探索，包括解决郑国历史研究中的固有纷争、补缺郑国历史研究中的空白、纠正传世文献关于郑国历史记载的错误。清华简所涉郑国简文还有助于对郑国乃至春秋政治思想进行分析。横向比对《郑武夫人规孺子》《郑文公问太伯》和《子产》三篇简文内容，总结简文中所体现的郑国以及春秋时期的天命观、用人观、重民观、历史观等政治思想观念，就是五篇清华简所涉郑国简文的史料价值。笔者在汇整校读简文并分析其性质和史料价值的基础上，对郑国历史的宏观变迁、涉郑简文政治思想进行了综合研究。

　　本书依据简文记载的情况，将郑国历史分成三个阶段研究。第一阶段为郑国早期历史阶段，主要是郑桓公和郑武公在位的史事。这一阶段的重大事件便是郑国的始封和东迁。《郑文公问太伯》中太伯回顾了郑国先祖事迹，说道："昔吾先君桓公后出自周。"这与传世文献记载一致，郑桓公为周厉王之子，宣王庶母弟，是郑国的始封之君。郑国始封在西周宣王时期，相较于其他姬姓诸侯，是较晚被分封的。郑国开始被分封在王畿之内，是地域狭小的畿内诸侯。然而郑桓公在位期间，西周王朝已经风雨飘摇，在与史伯进行东迁规划后，利用王朝司徒之便"寄孥虢、郐"，完成东迁计划的第一步。然而，传世文献关于灭郐之人是桓公还是武公记载有分歧，也导致学界对此争议极大。而清华简《郑文公问太伯》则直接记载郑桓公"克郐迢迢，如容社之处"，证明了灭郐者为郑桓公，这也揭示了郑桓公并没有跟随周幽王殉于骊山之难，同时也证明了《史记·郑世家》记载的错误。郑桓公死后，其子武公即位，《郑文公问太伯》继续追忆武公的开疆、固疆之艰辛，《系年》记载武公"正东方之诸侯"，而《郑武夫人规孺子》则提出了武公曾经"陷于大难""处卫三年"，这又可能与传世文献记载的武公协助平王东迁相关。综合清华简涉郑相关简文与传世文献的记载，郑国在桓公、武公的经营下，不仅在两周之际的乱局中成功完成了东迁，完成了畿内诸侯向畿外诸侯的转变，还帮助王室东迁使郑国获得执政卿的地位，使郑武公可以"正东方之诸侯"。

郑武公死后，郑庄公即位，郑国历史进入到第二个阶段，即由盛转衰时期。在郑庄公对外称霸之前，他最大的阻碍便是来自母亲武姜和弟弟共叔段内乱的问题。《郑武夫人规孺子》展现了与《左传》"郑伯克段于鄢"不同的武姜、庄公母子关系情况，学界多持阴谋论说。①笔者认为，不能简单以政治忽视母子天然的感情。《郑武夫人规孺子》中母亲武姜对庄公的劝谏，可以从积极方面进行理解，是基于母亲对孩子的教导。结合简文边父身份即公子吕来说，庄公早期的国内局势应该可以做如下推测：武公死后，武姜劝谏庄公属政于大夫，庄公听从母亲的建议；庄公即位后，仍然"拱而不言"，其叔父公子吕，即边父作为宗室元老和执政大夫中的核心，向庄公劝谏让其亲政。从简文记载庄公的回答看，边父劝谏后，庄公是犹豫的，甚至是拒绝的；但最终庄公还是听了边父的建议而亲政，任命年值青壮的祭仲为相；庄公此举刺激了母后武姜，由此母子关系恶化，武姜心生改立共叔段之念。平定内乱后的庄公开始对外称霸的历程。《郑文公问太伯》追述了庄公的一系列与周王室对抗的行为，终于获得繻葛之战的胜利，成为春秋早期历史中的霸主。庄公死后，郑国国内爆发了昭厉之乱，郑国历史由盛转衰。《系年》第2章、《郑文公问太伯》与传世文献记载相比较为简略，这可能与简文的倾向有关。

郑国内乱结束后，春秋大国争霸的历史开启，郑国在大国争霸中逐渐衰落至战国初期灭亡，这是郑国历史发展的第三个阶段，即衰落至灭亡时期。郑文

---

① 李守奎：《〈郑武夫人规孺子〉中的丧礼用语与相关的礼制问题》，《中国史研究》，2016年第1期。晁福林也支持这种说法，详见晁福林：《谈清华简〈郑武夫人规孺子〉的史料价值》，《清华大学学报》，2017年第3期。

公时，郑国内乱虽然结束，国力却大为削弱，而此时齐桓、晋文的霸业已然兴起，处于四战之地的郑国成为大国争霸的焦点，郑国只能采用事大的原则保护自己。《郑文公问太伯》中太伯为文公举荐孔叔，在传世文献中孔叔便劝谏郑文公不要背叛齐桓公，果然，不久齐桓公便在召陵会盟抑制了强楚的北上，可见孔叔对局势洞察的透彻。其后，春秋争霸主要在晋、楚两国间开展，中间还有秦穆公跃跃欲试。从清华简简文以及传世文献来看，大国争霸都将郑国当成核心利益来对待，因此大国战争也往往围绕郑国展开，晋楚城濮之战、秦晋崤之战、晋楚邲之战、晋楚鄢陵之战等大国霸业的关键战争中，都有郑国的身影。春秋晚期，晋楚两国连年战争，加之内部矛盾，两次进行了"弭兵之会"，终于暂停了争霸战争。这时郑定公任用子产、子皮和子大叔等贤良进行政治改革，使得郑国得到了快速发展，清华简《良臣》《子产》篇对此有所记载，可补传世文献的不足。然而，进入战国初期，三晋势力增强，韩国数次侵蚀郑国的领土，竟然杀掉郑幽公，幽公之弟郑繻公骀即位。《系年》第22章、23章对郑繻公在位时期的郑国历史进行了记载。此时郑国先投靠楚国抵御晋国的压迫，然而在这一过程中楚声桓王侵占了郑国利益，夺取了郑国的榆关为缓冲。楚声桓王死后，郑国马上投靠三晋（主要是魏国），攻击楚国获得胜利，夺回了榆关，并与晋国一起送王子定归楚，干涉楚国内政。楚国则对郑国展开了报复性攻击，将郑国主力军队消灭殆尽，还俘虏了四位将领。其后楚国为了抵御三晋，放归了四位将领与万民。但是，此时郑国爆发了太宰欣的内乱，郑繻公也死于子阳之党之手，郑国丧失了最后的发展机会，不久被韩国所灭。这段战国初期郑国历史的记载是不见于传世文献的，因此极具价值。

最后，本书对《郑武夫人规孺子》《郑文公问太伯》和《子产》中所涉及的政治思想进行了综合分析，发现简文体现的政治思想中包含天命观、用人观、重民观、历史观等方面。其一，简文关于"天"的记载可以分为两面：一方面《子产》记载的天，有宗教性与形而上的特征；另一方面《郑文公问太伯》中的天有怨天、疑天的感觉。简文对天命的记载既符合周代天命观的演变，又展现了春秋时期关于人是历史主体意识的觉醒。其二，三简文都有"重贤臣"与"远小人"的政治理念，这种观念渊源甚早，至战国诸子理论化后成为中国传统政治的基本观念。其三，对民的重视也是中国政治思想史上的重大命题，《子产》中记载重民、和民有十处，表明了对民的高度重视。然而细观简文，子产重民的目的却是稳固统治，是站在统治者立场而言的，这与传统的"民为邦本，本固邦宁"的观念一致。其四，三简文在进行政治劝谏和论说过程中往往利用历史经验强化观点，对历史经验的吸取与利用至迟到西周早期便系统出现了。然而，在历史上，存在为政治目的蓄意篡改历史或片面强调为我所用的现象，这在《郑武夫人规孺子》中武姜与边父的说辞里可见一斑。就政治思想的分析来说，《子产》所记载的子产"铸刑书"的内容及其刑法思想更具价值，笔者予以分析和总结。

总之，笔者透过对清华简所见郑国历史事件的考辨，对郑国相关简文所载政治思想的总结分析，既明晰了郑国历史的诸多问题，也彰显了清华简对于古史研究的极高价值。

二、反思及展望

本书主要将清华简与传世文献进行综合比对，对郑国历史上的诸多问题进行研究。在这一过程中，清华简对于传世文献而言展现了极大的史料优势。传世的先秦文献，都是经过 1000～2000 年以上长期流传、反复传抄、多次刊刻、再三校勘的文献，在流传的过程当中难免会发生不同程度的失真。同时，在这些文献漫长的流传过程中，前人在传抄、刊刻、校勘时也往往会自觉或不自觉地加进自己的意见，这或多或少都影响着此类文献的真实度。相反，清华简则是新公布的专家公认的战国中晚期史料，且未被后人加工整理，保留了战国史书的原貌，"单从文献真实性这一着眼点来讲，就可以知道出土简帛具有重大的文献研究价值"。①

　　然而，仍要注意的问题是，这并不意味着清华简所载内容都是百分之百可信的。通过研究可以发现，在诸多问题上，清华简的记载是错误的，而传世文献则更为正确。实际上除了《郑武夫人规孺子》《郑文公问太伯》可以视为当时的纪实性材料，清华简其他三篇涉郑简文都是再次整理或创作的二手史料，在运用的过程中都需要认真地辨析、合理地使用。

　　本书研究中的一个缺陷便是主要以清华简文与《左传》《国语》《史记》等文献进行综合研究，缺乏对两周郑国金文的分析与使用，也缺乏对《诗经·郑风》及其相关经说进行整理与分析。这既与个人能力有关，也与本书主题的把控相关。显然，在综合所有涉及郑国相关史料，再以此重修郑国历史越来越成为可能。在后续的工作中，重修郑国史是值得关注的一个方向。

　　近年来，随着出土竹简的日益增多，两周国别史的研究成为新的热点。晋国、楚国、秦国、郑国等诸侯国的历史研究都有了新史料的支持。如果再结合西周的青铜器铭文、出土文献与两周国别史研究应该会成为一个更宏大的课题。

---

①张显成：《论简帛的文献学研究价值》，《古籍整理研究学刊》，2005年第1期。

附　录

清华简所见郑国历史人物考略

在对郑国历史的深入探究中，清华简提供了新史料和新视角，具有重要的文献价值。在其相关简文中涉及诸多郑国的历史人物，他们是构成郑国历史进程的核心内容之一。其中，既有郑桓公、郑武公和郑庄公等传世文献记载的人物，也有太伯、边父以及《良臣》《子产》中待考的历史人物。而清华简与传世文献关于同一郑国历史人物也有不同的记载，如武姜和郑穆公之女夏姬等。对清华简所载郑国历史人物进行系统性的研究有助于进一步了解郑国历史的细节。

清华简六中的《郑武夫人规孺子》《郑文公问太伯》《子产》三篇简文不仅记载了郑国历史与人物，还记载了武姜、太伯、子产等人的执政理念，这为研究郑国乃至春秋时期的政治思想提供了难得的素材。

一、清华简所见郑国历史人物统计

人是构成历史的核心，清华简中记载的多是围绕君王群臣发生的重大历史事件，简文以人物为主线来推动事件发展，与郑国历史有着较为密切的关联。如《系年》第2章载："武公即世，庄公即位；庄公即世，昭公即位。其大夫高之渠弥杀昭公而立其弟子眉寿。齐襄公会诸侯于首止，杀子眉寿，车辕高之渠弥，改立厉公，郑以始正。"①均以郑国历史人物勾勒郑国历史脉络。然而，在梳理清华简的过程中，简文对郑国历代君臣多有提及，其中赫赫有名如武姜、子产者，皆昭然可考，自不待言。但也有一些新见的人物名号为传世文献缺载，无疑为这些史料的运用增添了许多障碍，现择其要者略作考证，并向方家请教。

清华简文所见郑国历史人物十分丰富，现将各篇相关简文所记载郑国历史人物统计如下。

《系年》第2章记载郑国历史人物有：郑武公、郑庄公、郑昭公、郑子眉寿、郑厉公、高之渠弥；第6章载有"郑人"，即郑文公；第8章载有弦高；第11章载有"郑伯"，即郑穆公；第12章载有"郑成公"，显然是郑襄公之误；第15章载有郑穆公之女，少乱，即传世文献中的夏姬；第22章、23章载有郑伯骀；第23章还载有郑皇子、子马、子池、子封子、郑太宰欣和郑子阳。

《良臣》集中记载了郑桓公、郑定公、子产的主要辅臣。郑桓公的辅臣主要是"周之遗老"，有史伯、宦仲、虢叔、杜伯四人；郑定公的辅臣有子皮、子产与子大叔；子产之辅臣却格外突出，分子产之师，包括王子伯愿、肥仲、杜逝、斲斤，与子产之辅，包括子羽、子刺、蔑明、卑登、富之厦、王子百，共计十人。

《郑武夫人规孺子》记载了郑武公、郑武夫人即武姜、孺子即郑庄公以及边父等四位历史人物。《郑文公问太伯》记载了郑国子人成子、太伯、郑文公、郑桓公、郑武公、郑庄公、郑昭公、郑厉公、孔叔、佚之夷、师之伛鹿、堵之俞弥、詹父等历史人物。《子产》记载的历史人物同于《良臣》子产之师与子产之辅。

①清华大学出土文献研究与保护中心编，李学勤主编：《清华大学藏战国竹简（贰）》，上海：中西书局，2011年，第138页。

依据以上论述，清华简所载郑国历史人物或氏族共 46 个。为了更便利了解相关情况，不妨列一个简表如下：

清华简中的郑国历史人物		备注
桓公	史伯、宦仲、虢叔、杜伯	
武公	武姜	
庄公	边父	
昭公	厉公、子眉寿、高之渠弥、子人成子	
文公	孔叔、佚之夷、师之佢鹿、堵之俞弥、詹父、弦高、太伯	
穆公		
襄公	少孟	穆公之女，夏姬
定公	子皮、子产、子大叔	
	子产之师：王子伯愿、肥仲、杜逝、𣃔𣂪 子产之辅：子羽、子刺、蔑明、卑登、富之厦、王子百	《良臣》𣃔𣂪，富之厦；《子产》分别作桑丘仲文，偛之辨。
郑伯骀	太宰欣、子阳、皇子、子马、子池、子封子	

表中历史人物基本勾勒出郑国从始封到衰灭的整个历史，十分重要，学界对其身份与实际亦不乏考证，但均以个别人物为例证，尚缺乏整体性的梳理与考辨。通过系统研究上表所载郑国历史人物，可以对前章诸多历史细节进行补充。

二、清华简所见郑国历史人物身份与事迹新探

据上，清华简所见郑国历史人物或氏族共 46 个，下文笔者以所见郑国国君为时间轴，对每个时期内的历史人物身份及事迹进行考辨疏证。

（一）桓公时代

郑桓公，名友，为周厉王之子，周宣王庶弟，是郑国的始封之君。其在位

期间，西周王朝已经风雨飘摇，在与史伯进行东迁规划后，利用王朝司徒之便"寄孥虢、郐"，完成东迁计划的第一步。在西周王朝覆灭的"二王并立"时期，郑桓公并未殉命于骊山之难，而是趁机灭郐、虢，完成了郑国从畿内诸侯到畿外诸侯的转变。诚如《郑文公问太伯》所载："克郐迢迢，如容社之处，亦吾先君之力也。"①

在这一过程中，郑桓公身边有很多良臣辅佐。《郑文公问太伯》中，太伯追述桓公"以车七乘，徒三十人"②完成东迁，实在是令人惊叹。实际上，这些人应是郑桓公的随身之人，七乘也只是其少部分物资，大部分早已"寄孥虢、郐"。跟随郑桓公的还有很多贵族与氏族，《左传·昭公十六》子产追述，"昔我先君桓公与商人皆出自周"，③可见跟随桓公东迁的还有商人，当然至少还应便包括《良臣》中的"史伯、宦仲、虢叔、杜伯"四位贵族及其家族。④

史伯，身为周王朝之太史，他不仅熟悉西周各种典籍，而且对当时的政治局势可谓了然于胸；他是郑桓公东迁的主谋者，桓公东迁，史伯可谓首功。在西周末年与桓公谋划郑国东迁，其问对见于《国语·郑语》。郑桓公在纠结之时，向当时最有卓识的史伯进行了一次深入的谈话，史伯从三个层次对当时的天下形势进行了研判，历史证明他成功研判了当时天下的形势。据前文所述，郑桓公不仅听从史伯的"寄孥虢、郐"的建议，而且还在两周之际相继灭掉虢国与郐国，成功完成了东迁。因此说，史伯确实为郑国东迁的首功之臣。

宦仲，史籍未有明载，有学者联系《诗经》与金文，认为宦仲即南

---

①清华大学出土文献研究与保护中心编，李学勤主编：《清华大学藏战国竹简（陆）》，上海：中西书局，2016年，第119页。
②清华大学出土文献研究与保护中心编，李学勤主编：《清华大学藏战国竹简(陆)》，上海：中西书局，2016年，第119页。
③杨伯峻：《春秋左传注》，北京：中华书局，2016年，第1531页。
④程浩认为《良臣》"史伯、宦仲、虢叔、杜伯"四人应在《郑文公问太伯》的"徒三十人"中，不确。两周之际仍是氏族社会，贵族身后都是自己的氏族，而像史伯这样身份的人，其身份更可能是氏族长，那么其管理的氏族成员便不可能少。详见程浩：《从"逃死"到"扞艰"：新史料所见两周之际的郑国》，《历史教学问题》，2018年第4期。

仲。①南仲，是西周晚期时人，在王朝的地位极高。《诗经·大雅·常武》有"赫赫明明，王命卿士，南仲大祖，大师皇父"。②《诗经·小雅·出车》有"王命南仲，往城于方""赫赫南仲，狁于襄"。③郭沫若认为两首诗为西周晚期的作品，南仲是宣王时期的重要卿士。④这个说法可从。西周宣王时期的青铜器驹父盨盖（《古今图书集成》4464）也有南仲的记载，⑤可印证郭沫若的论证，即南仲为宣王时期的重要卿士。当然，以宦仲为南仲只是一种可能，未有实证。程浩认为上海博物馆藏"仲宦父鼎"（《古今图书集成》2442）或许与宦仲相关。⑥

虢叔，整理者认为是《国语·周语》中的虢文公，恐误。《周语》记载，周宣王初年，不籍千亩，虢文公曾劝谏，从虢文公劝谏的语句可推测，此时的虢文公已然是知识渊博的长者，从时间上看，他不可能参与郑桓公的东迁计划。这里的虢叔应该就是史伯规划中"虢叔恃势，郐仲恃险"的虢叔。⑦那么，"恃势"的虢叔虽然在客观上为郑国东迁提供了领地，但能否被称为桓公的"良臣"呢？从前章所引《竹书纪年》"幽王既败，二年而灭郐，四年而灭虢，居于郑父之丘"的记载来看，虢国是晚于郐国两年而灭亡的。郑庄公曾回忆道："制，岩邑也，虢叔死焉。"⑧结合诸多史料，我们似乎可以合理推测虢叔在两周之际的事迹。虢叔为东虢国的君主，在桓公"寄孥"时，虢叔欣然接受，成了郑桓公与史伯谋划下的目标，但在桓公东迁过程中曾积极辅佐，立下功劳，甚至死于制地，因此列入"良臣"序列。虢叔死后，桓公灭虢。

杜伯，《国语·周语上》记载"杜伯射王于鄗"，①这次杜伯的刺杀直接导

①周飞：《清华简〈良臣〉篇札记》，清华网，2013年1月8日。
②[清]阮元校刻：《十三经注疏·毛诗正义》，北京：中华书局，1980年，第576页。
③[清]阮元校刻：《十三经注疏·毛诗正义》，北京：中华书局，1980年，第416页。
④郭沫若：《两周金文辞大系》，科学出版社，2002年，第320页。
⑤王辉：《驹父盨盖铭文试释》，《考古与文物》，1985年第5期。
⑥程浩：《清华简新见郑国人物考略》，《文献》，2020年第1期。
⑦徐元诰撰，王树民、沈长云点校：《国语集解》，北京：中华书局，2002年，第463页。
⑧杨伯峻：《春秋左传注》，北京：中华书局，2016年，第11页。

致了周宣王之死。实际上，简文中的"杜伯"更可能是杜伯的氏族或党羽，因为真正的杜伯早被周宣王所杀。《史记·周本纪》引《周春秋》记载："宣王杀杜伯而无辜，后三年，宣王会诸侯田于圃，日中，杜伯起于道左，衣朱衣冠，操朱弓矢，射宣王，中心折脊而死。"②《周春秋》的记载当然有荒诞的成分，杜伯死而无辜，化鬼而射杀宣王传说的背后，是杜伯被杀，党羽的复仇行为。复仇之后，杜伯党羽的残余跟随了郑桓公，在东迁过程中立下功劳，以"杜伯"之名列入"良臣"序列。

（二）武庄时代

在郑武公、郑庄公时代，除两位君主外，清华简主要记载两个历史人物，即武姜与边父。在本书第二章中对武姜的事迹已有所论述，于此不再赘述。而边父这个《郑武夫人规孺子》中极为重要的角色，史籍中却没有明确记载。

学界关于边父的身份也多有讨论，较为有代表性的观点是"祭仲"说和"公子吕"说。③比较两种说法，两说的观点虽然不同但是论证方法是一致的，即从边父名字入手分析，寻找关联，再联系边父的身份与拟定历史人物比对。就名字的联系而言，各种训诂都有文献依据，既无法证实也无法证误。所以两说优劣的关键还是在人物身份上。

依据简文记载，边父在庄公即位后仍"拱而不言"④，便与诸大夫们聚集商讨，并作为代表向庄公劝谏其亲政，可见边父确实是统治集团的核心成员。祭仲、公子吕的身份都是符合的。祭仲自不必多言，公子吕，字子封，是郑武公之弟，庄公的叔父。祭仲与公子吕在武姜与庄公内争之时都坚定地站在了庄公一方，因此无论从身份还是立场而言，两者都符合。据《史记·十二诸侯年

①徐元诰撰，王树民、沈长云点校：《国语集解》，北京：中华书局，2002年，第30页。
②［汉］司马迁：《史记》卷4《周本纪第四》，北京：中华书局，1959年，第146页。
③"祭仲"说，可见陈伟：《郑伯克段"前传"的历史叙事》，《中国社会科学报》，2016年5月30日；"公子吕"说，可见程浩：《清华简新见郑国人物考略》，《文献》，2020年第1期。
④清华大学出土文献研究与保护中心编，李学勤主编：《清华大学藏战国竹简（陆）》，上海：中西书局，2016年，第104页。

表》记载，郑庄公元年，"祭仲相"，①而此时正是边父劝言庄公之时，两者关联的可能性似乎更大。然而，笔者认为虽然郑庄公元年，"祭仲相"，却不意味庄公刚一即位，祭仲便当了相，而恰恰是庄公听命于武姜"拱而不言"，政事任由"二三大夫"处理的阶段。在此期间郑国或原就有相，或就是二三大夫联合执政并无相，但以当时的情况看，祭仲不可能被立为新相。笔者认为当时最为核心的执政大夫正是庄公的叔父，宗室的权威公子吕。从后来的劝谏庄公提防武姜、共叔段叛乱来看，公子吕的地位显然要高于祭仲。面对日益做大的共叔段，祭仲只以"先王之制"对庄公劝谏，而公子吕却直言"欲与大叔，臣请事之；若弗与，则请除之"。②这当然是宗室元老的风范，远非一个相可以比拟。

"公子吕"说的另一个理由是，简文记载边父劝谏庄公亲政时曾举例武公旧事，他说："昔吾先君使二三臣，抑早前后之以言，思群臣得执焉，口臣、四邻以吾先君为能叙。"③显然此时的边父已然是武公统治集团的核心成员之一了，而祭仲彼时尚未当郑相。从后面的历史来看，祭仲年龄也应小于公子吕很多。综上，笔者倾向于"公子吕"说。

由此，我们可以进一步做出这样的合理推测：武公死后，武姜劝谏庄公属政于大夫，庄公听从母亲的建议；庄公即位后，仍然"拱而不言"，其叔父公子吕，即边父作为宗室元老和执政大夫中的核心，向庄公劝谏让其亲政。从简文记载庄公的回答看，边父劝谏后的庄公是犹豫甚至拒绝的；但是最终，庄公听从了边父的建议而亲政，任命年值青壮的祭仲为相；庄公的举动刺激到了母后武姜，母子关系恶化，武姜心生改立共叔段之念。

---

① ［汉］司马迁：《史记》卷 14《十二诸侯年表第二》，北京：中华书局，1959 年，第 541 页。
② 杨伯峻：《春秋左传注》，北京：中华书局，2016 年，第 13 页。
③ 清华大学出土文献研究与保护中心编，李学勤主编：《清华大学藏战国竹简(陆)》，上海：中西书局，2016 年，第 104 页。

（三）昭厉时代

郑庄公死后，郑国进入四公子之乱的昭厉时代，简文记载了昭公、厉公、子眉寿（即子亹）、高之渠弥（即高渠弥）和子人成子。三位君主之事，前文所述已详，这里只对高之渠弥和子人成子进行简要说明。

高之渠弥，即传世文献的高渠弥，是郑国大夫，曾在缰葛之战为郑庄公立下战功，却与昭公有嫌隙，在昭公复辟后，做出弑君之举，其后，与祭仲共同立子亹为君。《左传·桓公十八年》，子亹参加齐襄公举行的首止之会，高渠弥陪同。然而，子亹与齐襄公素有恩怨，襄公竟杀害子亹。而关于随行的高渠弥，史籍记载有所差异。《史记·郑世家》记载："子亹至，不谢齐侯，齐侯怒，遂伏甲而杀子亹。高渠弥亡归，归与祭仲谋，召子亹弟公子婴于陈而立之，是为郑子。"①而《左传·桓公十八年》却记载："秋，齐侯师于首止；子亹会之，高渠弥相。七月戊戌，齐人杀子亹，而轘高渠弥。"②《史记》认为高渠弥逃回郑国，还与祭仲共立公子婴为君，《左传》则认为高渠弥被当场车裂而亡，两者记载完全不同。清华简《系年》第 2 章记载："齐襄公会诸侯于首止，杀子眉寿，车轘高之渠弥。"与《左传》记载一致。《左传》《系年》成书均早于《史记》，且为互证，更可信从。若此，弑君之臣高渠弥最终也死于非命了。

子人成子，整理者的意见是郑文公的叔父语，字子人，可从。③郑庄公除了四公子之外，还有子八人，其中一人名语，字子人。④成子，当是语的谥号。语之后人以子人为氏，活跃在郑国历史舞台。

---

① [汉]司马迁：《史记》卷 42《郑世家第十二》，北京：中华书局，1959 年，第 1763 页。
②杨伯峻：《春秋左传注》，北京：中华书局，2016 年，第 165—166 页。
③清华大学出土文献研究与保护中心编，李学勤主编：《清华大学藏战国竹简(陆)》，上海：中西书局，2016 年，第 120 页。
④杨伯峻：《春秋左传注》，北京：中华书局，2016 年，第 151 页。

（四） 文公时代

四公子之乱最终以厉公的复辟为终结，郑厉公死后，其子郑文公即位。清华简文记载了孔叔、佚之夷、师之伹鹿、堵之俞弥、詹父、弦高、太伯等人。其中弦高犒劳秦军而救郑国之事与传世文献记载一致，孔叔劝谏文公勿叛齐桓公的英明远见也在第二章中论及，于此不再论述。下文就佚之夷、师之伹鹿、堵之俞弥、詹父、太伯五人的情况进行说明。

佚之夷，整理者提出一个线索，即在《左传》名篇《烛之武退秦师》中举荐烛之武的佚之狐。①也有学者提出此时已经是郑文公晚年了，②而太伯举荐佚之夷在郑文公早期，两人并非一人。③于此难以确说。

师之伹鹿、堵之俞弥、詹父，即《左传·僖公七年》管仲所称"郑有叔詹、堵叔、师叔三良为政"中的三良。④师之伹鹿，即师叔鲜见于文献。詹父，即叔詹，前文已有详论。堵之俞弥，即堵叔、堵俞弥或堵寇曾多次与郑公子士族泄驾讨伐滑国。⑤

太伯，是《郑文公问太伯》的主角，从其与文公的对话可知，其在郑国历史上应有重要的地位，然而没有史籍明确记载，遂引起学界的很大争议。目前，学界大致有四种说法：其一，李学勤认为太伯为子人成子之长子，⑥且称为"长子"说；其二，王宁认为太伯，可读为泄伯，即泄驾，⑦且称为"泄驾"说；其三，子居认为太伯即是公子元，⑧且称为"公子元"说；其四，程浩认

---

①清华大学出土文献研究与保护中心编，李学勤主编：《清华大学藏战国竹简（陆）》，上海：中西书局，2016年，第124页。

②《烛之武退秦师》发生在《左传·僖公三十年》，此时已经是文公四十三年了。

③马楠：《清华简＜郑文公问太伯＞与郑国早期史事》，《文物》，2016年3期。

④杨伯峻：《春秋左传注》，北京：中华书局，2016年，第348页。

⑤《左传·僖公二十年》载："滑人叛郑，而服于卫。夏，郑公子士、泄堵寇帅师入滑。"杨伯峻：《春秋左传注》，北京：中华书局，2016年，第423页。

⑥李学勤：《有关春秋史事的清华简五种综述》，《文物》，2016年第3期。

⑦王宁：《清华简六〈郑文公问太伯〉之"太伯"为"泄伯"说》，武汉网，2016年5月8日。

⑧子居：《清华简〈系年〉1—4章分析》，孔子2000网，2012年1月6日。

为太伯便是堵氏第三代族长，①且称为"堵氏"说。

"长子"说的一个问题是，既然子人成子与昭公、厉公同辈，是文公的叔父辈，如果太伯是其长子，同辈的文公何以称其为"伯父"？对此，李先生虽然也做出了解释，但仍与周代宗法违背。②"泄驾"说难以立足的原因是虽然王宁将泄驾列入庄公十二子之一，即与昭、厉同辈，为文公叔伯辈，但是泄驾早在隐公五年便已经与祭仲、原繁一起统率三军了，③所以其当与庄公同辈，不太可能是庄公的儿子。实际上，"泄驾"说包括"公子元"说另一个最大的问题是宗法问题，即他们即便是庄公之子辈，由于不是宗子，也不应被称为"太伯"。④

只有"堵氏"说，突破了庄公之子群体中的探索，直接上至桓公去寻找曾孙辈，并梳理出了如下的世系：⑤

	第一代	第二代	第三代	第四代	第五代
国君世系	郑桓公	郑武公	郑庄公	郑厉公	郑文公
堵氏世系	郑桓公	公子吕（边父）	公孙阏（子堵）	太伯	堵俞弥

这样的分析可谓是远见，也很具有说服力，姑且从之。

（五）穆襄时代

郑文公在秦、晋联军的围攻下，被迫同意立亲晋的公子兰为太子，郑文公死后，公子兰即位为郑穆公。郑穆公死后，郑国出现短暂的君位动荡，郑灵公

---

① 程浩：《清华简新见郑国人物考略》，《文献》，2020年第1期。
② 程浩：《清华简新见郑国人物考略》，《文献》，2020年第1期。
③ 《左传·隐公五年》载："四月，郑人侵卫牧，以报东门之役。卫人以燕师伐郑，郑祭足、原繁、泄驾以三军军其前，使曼伯与子元潜军军其后。"杨伯峻：《春秋左传注》，北京：中华书局，2016年，第48页。
④ 程浩：《清华简新见郑国人物考略》，《文献》，2020年第1期。
⑤ 程浩：《清华简新见郑国人物考略》，《文献》，2020年第1期。

被弑杀，其弟郑襄公即位，听从兄弟公子去疾谏言，将自己的兄弟们都封为大夫，郑国"七穆"政治开始形成。然而，威名赫赫的"穆族"先祖们的历史影响却远不如他们的姐妹夏姬深远。

清华简《系年》第 15 章记载："陈公子征舒娶妻于郑穆公，是少孔。"①少孔，即是夏姬。传世文献关于夏姬"夭子蛮，杀御叔，杀灵侯，戮夏南，出孔、仪，丧陈国"，②"杀三夫、一君、一子，而亡一国、两卿矣"，③均有详细的记载。夏姬确实搅得春秋各国"周天寒彻"，然而其对历史进程最大的改变还是间接地促成了巫臣叛楚投晋，进而前往吴国助其发展牵制楚国。春秋晚期的晋楚争霸转变为吴越争霸在某种意义上说正是夏姬促成的。

然而，关于夏姬的身份，传世文献与清华简有差异。《系年》记载夏姬是"陈公子征舒"之妻，而《左传》《国语》等传世文献均记载夏御叔娶夏姬，生夏征舒。那么夏姬究竟是征舒的妻子还是母亲呢？关于这个问题，程薇做了详尽的考证，从绝对时间上判断夏姬是征舒的妻子，而非母亲。④由此简文也纠正了传世文献的误载，极具意义。

（六）定公时代

郑襄公死后，郑国君位继承又出现了一定的混乱，并继续在大国间徘徊。到了郑定公时期，由于子产执政，郑国国力有了很大的恢复。清华简《良臣》记载郑定公的良臣有子皮、子产、子大叔三人。子产，春秋晚期郑国著名的改革家，名公孙侨，为"七穆"的国氏。他执政期间积极改革政治，团结"七穆"，其事迹多见于各类史籍。子皮，即罕虎，是郑国"七穆"之一。其父公孙舍死后，继任郑国上卿。子皮是子产改革的重要支持者。子大叔，即游吉，

---

① 清华大学出土文献研究与保护中心编，李学勤主编：《清华大学藏战国竹简（贰)》，上海：中西书局，2011 年，第 170 页。
② 杨伯峻：《春秋左传注》，北京：中华书局，2016 年，第 878 页。
③ 杨伯峻：《春秋左传注》，北京：中华书局，2016 年，第 1661 页。
④ 程薇：《清华简〈系年〉与夏姬身份之谜》，《文史知识》，2012 年第 7 期。

亦为"七穆"，游吉擅长外交，是子产执政的得力支持者。子皮、子大叔一起支持子产改革，促进了郑国的快速发展。

《良臣》专门述举了子产之师与子产之辅，这是值得关注的现象。前文已列举，《良臣》中的四位子产之师与《子产》四位"老先生之俊"对应，而《良臣》中的六位子产之辅与《子产》中的六辅对应。①

《子产》所记与《良臣》基本相同，仅有个别差异，为方便观览，兹列表如下：

	《良臣》	《子产》
子产之师 （老先生之俊）	王子伯愿	王子伯愿
	肥仲	肥仲
	杜䚉	杜䚉
	𣃗厈	桑丘仲文
子产之辅（六辅）	子羽	子羽
	子剌	子剌
	蔑明	蔑明
	卑登	卑登
	富之厴	佰之支
	王子百	王子百

此十人中，子产之辅的子羽、卑登、蔑明、富之厴，《左传》《论语》等传世文献有明确的记载。

子羽，即"行人子羽"，也就是"公孙挥"。文献中多有子羽辅佐子产治国理政的记载，如《左传》襄公三十一年载："郑国将有诸侯之事，子产乃问四国之为于子羽，且使多为辞令；与裨谌乘以适野，使谋可否；而告冯简子，使

①有学者认为《子产》中桑丘仲文与《子产》中𣃗厈并非一人，笔者认为，这样严整的对应绝非偶然，子产之师与子产之辅大概在当时便已经是固定的人选，而非随机列举。

断之；事成，乃授子大叔使行之，以应对宾客，是以鲜有败事。"① 《论语·宪问》亦云："为命，裨谌草创之，世叔讨论之，行人子羽修饰之，东里子产润色之。"②

卑登，即上引《左传》《论语》之文中的"裨谌"，是子产的重要辅佐之臣。

蔑明，即"韱蔑"，或称"韱明""然明"，曾与裨谌讨论郑国局势，是子产的拥护者。③

富之厚，《良臣》篇的"富之厚"，在《子产》中写作"偘之支"，二者仅是用字不同④，所谓"富之厚"，整理者认为即《左传·昭公十六年》的郑国大夫富子。⑤

而四位子产之师，或谓"老先生之俊"，即王子伯愿、肥仲、杜逝、斯斤，以及子产之辅的子刺、王子百此六人史籍均未明载。相关论点可从程浩《清华简新见郑国人物考略》。⑥

王子伯愿，《良臣》与《子产》均有之，但传世文献却失载。郑国有王子氏，《左传》载有王子伯廖与王子伯骈，特别是王子伯骈略早于子产为政，有作为子产之师的条件。"骈"在真部，"愿"在元部，也存在通假的可能。

肥仲，《左传》成公七年载有郑大夫共仲，活动时代略早于子产，有成为

---

① ［清］阮元校刻：《十三经注疏·春秋左传正义》，北京：中华书局，1980年，第2015页。
② 杨伯峻注：《论语译注》，北京：中华书局，2012年，第147页。
③ 《左传·襄公二十九年》载："十二月己巳，郑大夫盟于伯有氏。裨谌曰：'是盟也，其与几何？《诗》曰：君子屡盟，乱是用长。今是长乱之道也，祸未歇也，必三年而后能纾。'然明曰：'政将焉往？'裨谌曰：'善之代不善，天命也，其焉辟子产？举不逾等，则位班也。择善而举，则世隆也。天又除之，夺伯有魄，子西即世，将焉辟之？天祸郑久矣，其必使子产息之，乃犹可以戾。不然，将亡矣。'"（杨伯峻：《春秋左传注》，北京：中华书局，2016年，第1291—1292页）
④ 详见罗小华：《试论清华简中的几个人名》，武汉网，2016年4月8日。
⑤ 清华大学出土文献研究与保护中心编，李学勤主编：《清华大学藏战国竹简（叁）》，上海：中西书局，2012年，第162页。
⑥ 程浩：《清华简新见郑国人物考略》，《文献》，2020年第1期。

子产之师的可能。"共"盖其族氏，"肥"或为他的封邑，都可以作为称号的一部分冠在排行之前。就如庄公的弟弟叔段，初以封地号为"京城大叔"，后来奔卫后又可称之为"共叔段"。

杜逝，《良臣》篇的"杜𧗊"，在《子产》中写作"杜𧗊"。楚简中以"𧗊"或"𧗊"为声符的字，一般都可以读为"逝"或"噬"。如清华简《说命上》"一豕乃旋保以"，"𨖍"读"逝"；郭店简《老子》甲本"𧗊"字也用作"逝"；清华简《晋文公入于晋》"命讼狱拘执释𨖍"，"𨖍"字读"折"；上博简《周易》"𧗊肤"，"𧗊"据今本则读"噬"。"逝"与"噬"是月部字，简文的"𧗊"疑可读为同属月部的"泄"。"杜泄"见于《左传》昭公四年、五年，乃鲁叔孙氏宰，后为季孙氏所恶而去鲁，子产或曾在其出奔后问学于他。

𣃁斤，整理者无说，周飞先生认为"斤"是为"罕"的异体字，并由此推测此人或为子罕的儿子子展[1]。在此基础上，袁金平先生又分析"𣃁"为从"斤"得声，读之为"浑罕"[2]将浑罕说成子产之师，应该是合适的；《左传》昭公四年载子产作丘赋，浑罕谏之曰："政不率法，而制于心，民各有心，何上之有。"[3]俨然有师道。

子刺，虽然在文献中难觅其行踪，我们却在1988年湖北襄樊团山M1出土的四件春秋晚期的青铜器铭文中找到其记载，铭文有云"余刺之疵子"，意思就是说器主乃剌氏（列氏）的宗子。春秋战国之际郑国有列御寇，时代略晚于器主，亦以"列"为氏。至于刺氏（列氏）的由来，或许就是子产之辅"子刺"的后人以祖字为氏。如果子刺确为铭文中剌氏的先祖，那他就应该与器主一样，也是郑庄公的后裔。

王子百，与作为子产之师的"王子伯愿"同为王子氏，或许有密切的亲缘关系。

---

①周飞：《清华简〈良臣〉篇札记》，清华网，2013年1月8日。
②见袁金平先生在简帛论坛"清华简三《良臣》札记下的跟帖"。
③[清]阮元校刻：《十三经注疏·尚书正义》，北京：中华书局，1980年，第2036页。

（七）缥公时代

进入战国初期，郑国虽然仍旧在三晋与楚国之间徘徊，但是仍具有一定的实力。郑缥公是郑国晚期最后一位较有实力的君主，也是郑国灭亡的关键人物。第二章已经述及其在位期间的外交失策，导致楚国报复性的攻击，致使其四大将"郑皇子、子马、子池、子封子"被俘，主力尽失。对于郑国的四位将帅，传世文献没有对应的记载。苏建洲认为皇子、子封子，即"以氏配子"，当为春秋战国通例，子马、子池，或为美称"子"＋名，或为"子马子"，子马为氏。①其后，虽然楚国放归了四将领以及万民，而郑国恰恰有遭遇了太宰欣之祸，郑缥公被子阳氏弑杀，郑国失去了最后的生机终于被韩国所灭。

于此，再分析一下太宰欣与子阳氏的问题。依据《韩非子·说疑》"太宰欣取郑"和《史记·郑世家》"郑君（郑缥公）杀其相子阳""子阳之党共弑缥公骀"的记载，学界都认为太宰欣与子阳是一人或同党。②然而，《系年》记载，"郑太宰欣亦起祸于郑，郑子阳用灭，无后于郑"，表明太宰欣与子阳并非一人或同党，反而是政敌关系。马卫东认为："太宰欣与子阳并非一人，他们分属罕氏和驷氏家族，彼此为政敌关系。子阳之难是由罕氏的太宰欣攫取郑国政权而引发的内乱，实质上是罕氏与驷氏间、郑君与罕氏间的权力之争。"③此论断极为精确，可从。

综上，清华简记载的郑国人物基本勾勒出郑国从始封到衰灭的整个历史，通过系统梳理、考释简文所载历史人物，不仅可以对一些历史已有的难题进行新史料的分析，也能发现未有之问题，加深我们对郑国历史的了解。

---

① 苏建洲、吴雯雯、赖怡璇：《清华二〈系年〉集解》，台北：万卷楼图书有限公司，2013年，第898—899页。
② 详见童书业：《春秋左传研究》，上海：上海人民出版社，1980年，第264—265页。杨宽：《战国史》，上海：上海人民出版社，2003年，第172页。
③ 马卫东：《清华简〈系年〉与郑子阳之难新探》，《古代文明》，2014年第2期。

参考文献

一、历史文献

（一）传世文献

1.［战国］毛亨传，［汉］郑玄笺，［唐］孔颖达疏：《毛诗正义》（《十三经注疏》本），北京：中华书局，1980年。

2.［汉］公羊寿传，［汉］何休解诂，［唐］徐彦疏：《春秋公羊传注疏》，（《十三经注疏》本），北京：中华书局，1980年。

3.［汉］孔安国传，［唐］孔颖达疏，［清］阮元校刻：《尚书正义》，（《十三经注疏》本），北京：中华书局，1980年。

4.［汉］司马迁：《史记》，北京：中华书局，1959年。

5.［汉］刘向集录：《战国策》，上海：上海古籍出版社，1985年。

6.［汉］班固：《汉书》，北京：中华书局，1962年。

7.［汉］许慎撰，［清］段玉裁注：《说文解字》，上海：上海古籍出版社，1981年。

8.［汉］郑玄注，［唐］孔颖达疏，［清］阮元校刻：《周礼注疏》，（《十三经注疏》本），北京：中华书局，1980年。

9.［汉］郑玄注，［唐］孔颖达疏，［清］阮元校刻：《礼记正义》，（《十三经注疏》本），北京：中华书局，1980年。

10.［汉］宋衷注，［清］秦嘉谟等辑：《世本八种》，上海：商务印书馆，1957年。

11.［晋］杜预：《春秋经传集解》，上海：上海古籍出版社，1997年。

12.［晋］范宁集解，［唐］杨士勋疏：《春秋穀梁传注疏》，（《十三经注疏》本），北京：中华书局，1980年。

13.［北魏］郦道元着，陈桥驿校证：《水经注校证》，北京：中华书局，2007年。

14. [清] 王夫之：《读通鉴论》，北京：中华书局，1975年。

15. [清] 高士奇：《左传纪事本末》，北京：中华书局，2015年。

16. [清] 顾栋高辑，吴树平、李解民点校：《春秋大事表》，北京：中华书局，1993年。

17. [清] 雷学淇：《竹书纪年义证》，台北：艺文印书馆，1977年。

18. [清] 王先慎撰，钟哲点校：《韩非子集解》，北京：中华书局，1998年。

19. [清] 刘文淇：《春秋左氏传旧注疏证》，北京：科学出版社，1959年。

20. 方诗铭、王修龄：《古本竹书纪年辑证》，上海：上海古籍出版社，1981年。

21. 焦循撰，沈文倬点校：《孟子正义》，北京，中华书局，1987年。

22. 程树德撰，程俊英、蒋见元点校：《论语集释》，北京：中华书局，1990年。

23. 徐元诰撰，王树民、沈长云点校：《国语集解》，北京：中华书局，2002年。

24. 许维遹撰，梁运华整理：《吕氏春秋集释》，北京：中华书局，2009年。

25. 杨伯峻：《春秋左传注》，北京：中华书局，2016年。

（二）出土文献

1. 清华大学出土文献研究与保护中心编，李学勤主编：《清华大学藏战国竹简（壹）》，上海：中西书局，2010年。

2. 清华大学出土文献研究与保护中心编，李学勤主编：《清华大学藏战国竹简（贰）》，上海：中西书局，2011年。

3. 清华大学出土文献研究与保护中心编，李学勤主编：《清华大学藏战国竹简（叁）》，上海：中西书局，2012年。

4. 清华大学出土文献研究与保护中心编，李学勤主编：《清华大学藏战国竹简（陆）》，上海：中西书局，2016年。

5. 清华大学出土文献研究与保护中心编，李学勤主编：《清华大学藏战国竹简（柒）》，上海：中西书局，2017年。

6. 清华大学出土文献研究与保护中心编，李学勤主编：《清华大学藏战国竹简（拾）》，上海：中西书局，2020年。

7. 郭沫若：《两周金文辞大系图录考释》（下册），上海：上海书店出版社，1999年。

8. 胡厚宣主编：《甲骨文合集释文·第4册》，北京：中国社会科学出版社，2011年。

二、今人著作

1. 童书业：《春秋左传研究》，北京：中华书局，1980年。

2.李孟存、常金仓：《晋国史纲要》，太原：山西人民出版社，1988年。

3.张以仁：《春秋史论集》，台北：台北联经出版事业公司，1990年。

4.赵世超：《周代国野制度研究》，西安：陕西人民出版社，1991年。

5.文梦霞：《春秋郑国建国史之探讨》，台北：文史哲出版社，1991年。

6.王阁森、唐致卿：《齐国史》，济南：山东人民出版社，1992年。

7.段志洪：《周代卿大夫研究》，台北：台湾文津出版社，1994年。

8.黄怀信等：《逸周书汇校集注》，上海：上海古籍出版社，1995年。

9.郭沫若：《两周金文辞大系》，北京：科学出版社，2002年。

10.李玉洁：《楚国史》，开封：河南大学出版社，2002年。

11.童书业：《春秋史》，上海：上海古籍出版社，2003年，

12.杨　宽：《战国史》，上海：上海人民出版社，2003年。

13.许倬云：《求古编》，台北：新星出版社，2006年。

14.吕文郁：《周代的采邑制度》，北京：社会科学文献出版社，2006年。

15.张广志：《西周与西周文明》，上海：上海科学技术文献出版社，2007年。

16.李　峰：《西周的灭亡：中国早期国家的地理与政治危机》，上海：上海古籍出版社，2007年。

17.陈槃：《春秋大事表列国爵姓及存灭表撰异》，上海：上海古籍出版社，2009年。

18.刘信芳：《楚系简帛释例》，合肥：安徽大学出版社，2011年。

19.杨伯峻注：《论语译注》，北京：中华书局，2012年。

20.钱　穆：《中国文化史导论》，北京：商务印书馆，2012年。

21.李学勤：《初识清华简》，上海：中西书局，2013年。

22.苏建洲、吴雯雯、赖怡璇：《清华二〈系年〉集解》，台北：万卷楼图书股份有限公司，2013年。

23.李松儒：《清华简〈系年〉集释》，上海：中西书局，2015年。

24.杨　宽：《战国史料编年辑证》，上海：上海人民出版社，2016年。

25.李守奎：《清华简〈系年〉与古史新探》，上海：中西书局，2016年。

26.王坤鹏：《近出古书与早期史学源流》，长春：吉林大学出版社，2017年。

27.李健胜：《流动的权力：先秦、秦汉国家统治思想研究》，北京：中国社会科学出版社，2018年。

三、期（辑）刊和研讨会论文

（一）期（辑）刊论文

1. 李慎仪：《论子产》，《河南大学学报》，1963 年第 2 期。

2. 徐锡台、孙德润：《凤翔县发现"年官"与"域"字瓦当》，《文物》，1963 年第 5 期。

3. 常　征：《周都庄公》，《齐齐哈尔师范学院学报》，1983 年第 2 期。

4. 何　洁：《从蔡、郑南郑与郑桓封国辨》，《中国历史文物》，1981 年第 3 期。

5. 姜　树：《试论郑惧楚看楚人北上中原的时间》，《武汉师范学院》，1983 年第 2 期。

6. 骆宾基：《郑之"七穆"考》，《文献》，1984 年第 3 期。

7. 王　辉：《驹父盨盖铭文试释》，《考古与文物》，1985 年第 5 期。

8. 梁晓景：《邰国史迹探索》，《中原文物》，1987 年第 3 期。

9. 邬锡非：《制和"北制"》，《杭州大学学报》，1988 年第 1 期。

10. 于年河：《论〈左传〉叙写郑庄公的倾向性》，《齐齐哈尔大学学报(哲学社会科学版)》，1989 年第 6 期。

11. 晁福林：《试论东迁以后的周王朝》，《宝鸡文理学院学报》，1990 年第 1 期。

12. 冯庆余：《郑庄、齐桓、宋襄的霸政》，《松辽学刊》，1990 年第 2 期。

13. 王志平：《论子产对孔子思想的影响》，《甘肃社会科学》，1991 年第 1 期。

14. 晁福林：《论平王东迁》，《历史研究》，1991 年第 6 期。

15. 晁福林：《论郑国的政治发展及其历史特征》，《南都学坛》，1992 年第 3 期。

16. 宇文行：《简论子产外交思想与艺术》，《外交学院学报》，1994 年第 4 期。

17. 荆贵生：《"郑伯克段于鄢"的"鄢"》，《中国语文》，1995 年第 2 期。

18. 蔡运章：《虢国的分封与五个虢国的历史纠葛》，《中原文物》，1996 年第 2 期。

19. 于淑华：《郑庄公新论》，《昭乌达蒙族师专学报（汉文哲学社会科学版）》，1996 年第 4 期。

20. 宋　杰：《春秋时期的诸侯争郑》，《首都师范大学学报（社科版）》，1996 年第 6 期。

21. 王晓勇：《从地理环境看春秋时期郑国之盛衰》，《河南教育学院学报（哲学社会科学版）》，1997 年第 4 期。

22. 沈长云：《郑桓公未死幽王之难考》，《文史》（第四十三辑），北京：中华书局，1997 年。

23. 崔向荣：《宗周旧秩序的叛逆——重评〈左传〉中的郑庄公》，《中山大学学报论丛》，1998 年第 1 期。

24.张泽渡：《"瘄生"探诂》，《贵州大学学报》，2000 年第 1 期。

25.刘志玲：《论春秋时期郑国的外交政策》，《鄂州大学学报》，2002 年第 2 期。

26.杨育坤：《子产治郑》，《西安教育学院学报》，2003 年第 3 期。

27.晁福林：《上博简〈诗论〉与〈诗·郑风·将仲子〉的几个问题》，《南都学坛》，2004 年第 6 期。

28.张显成：《论简帛的文献学研究价值》，《古籍整理研究学刊》，2005 年 1 期。

29.邵炳军：《郑武公灭桧年代补证》，《上海大学学报》，2005 年第 1 期。

30.黄广进：《再论子产铸刑书事件》，《西南民族大学学报》，2005 年第 4 期。

31.陈隆文：《古邻国历史地理问题考辨》，《中州学刊》，2005 年第 6 期。

32.李玉洁：《郑国的都城与疆域》，《中州学刊》，2005 年第 6 期。

33.黄海烈、陈　剑：《〈诗〉篇新证》，《古籍整理研究学刊》，2006 年第 1 期。

34.李金玉：《郑国生态环境的变化及原因探析》，《河南社会科学》，2006 年第 2 期。

35.邵炳君、路艳艳：《〈诗·桧风·隰有苌楚〉、〈匪风〉作时补证》，《中国文化研究》，2006 年第 3 期。

36.韩益民：《"郑伯克段于鄢"地理考》，《北京师范大学学报》，2006 年第 4 期。

37.李学勤：《有关春秋史事的清华简五种综述》，《文物》，2006 年第 5 期。

38.李　峰：《西周金文中的郑地和郑国东迁》，《文物》，2006 年第 9 期。

39.李玉洁：《春秋时期郑国的成文法与"悬书"》，《中州学刊》，2007 年第 1 期。

40.于　薇：《从王室与苏氏之争看周王朝的王畿问题》，《社会科学辑刊》，2008 年第 2 期。

41.晁福林：《改铸历史：先秦时期"以史为鉴"观念的形成》，《文史知识》，2010 年第 8 期。

42.李学勤：《清华简〈系年〉及有关古史问题》，《文物》，2011 年第 3 期。

43.李学勤：《〈系年〉出版的重要意义》，《邯郸学院学报》，2011 增刊。

44.赵平安：《释战国文字中的"乳"字》，《中国文字学报》，2012 年第 1 期。

45.王红亮：《清华简中周平王东迁的相关年代考》，《史学史研究》，2012 年第 2 期。

46.许兆昌、齐丹丹：《试论清华简〈系年〉的编纂特点》，《古代文明》，2012 年第 2 期。

47.陈民镇：《〈系年〉"故志"说——清华简〈系年〉性质及撰作背景刍议》，《邯郸学院学报》，2012 年第 2 期。

48.冯　时：《〈郑子家丧〉与〈铎氏微〉》，《考古》，2012 年第 2 期。

49.廖名春：《清华简〈系年〉管窥》，《深圳大学学报》，2012 年第 3 期。

50.程　薇：《清华简〈系年〉与夏姬身份之谜》，《文史知识》，2012 年第 7 期。

51.陈　伟：《清华大学藏战国竹书〈系年〉中的文献学考察》，《史林》，2013 年第 1 期。

52.李学勤：《由清华简〈系年〉论〈文侯之命〉》，《扬州大学学报》，2013 年第 2 期。

53.李　锐：《由清华简〈系年〉谈战国初楚史年代的问题》，《史学史研究》，2013 年第 2 期。

54.马　楠：《清华简〈良臣〉所见三晋〈书〉学》，《中国高校社会科学》，2013 年第 3 期。

55.王　晖：《春秋早期周王室王位世系变局考异——兼说清华简〈系年〉"周无王九年"》，《人文杂志》，2013 年第 5 期。

56.刘全志：《论清华简〈系年〉的性质》，《中原文物》，2013 年第 6 期。

57.马卫东：《清华简〈系年〉与郑子阳之难新探》，《古代文明》，2014 年第 2 期。

杨蒙生：《清华简（叁）〈良臣〉篇管见》，《深圳大学学报》，2014 年第 2 期。

58.刘　刚：《清华叁〈良臣〉为具有晋系文字风格的抄本补证》，《中国文字学报》，2014 年。

59.（日）广濑薰雄：《释清华大学藏楚简（叁）〈良臣〉的"大同"》，《古文字研究》（第三十辑），2014 年。

60.罗小华：《试论清华简〈良臣〉中的"大同"》，《管子学刊》，2015 年第 2 期。

61.罗运环：《清华简〈系年〉体裁及相关问题新探》，《湖北社会科学》，2015 年第 3 期。

62.代　生、张少筠：《清华简〈系年〉所见郑国史事新探》，《中南大学学报（社会科学版）》，2015 年第 3 期。

63.郭　丽：《清华简〈良臣〉文本结构与思路考略》，《山东理工大学学报（社会科学版)》，2015 年第 4 期。

64.杨　栋：《由〈吕氏春秋·尊师〉论清华简〈良臣〉中的"世系"》，《四川文物》，2015 年第 5 期。

65.李守奎：《楚文献中的教育与清华简〈系年〉性质初探》，《出土文献与古文字研究》，2015 年辑刊。

66.罗小华：《试论清华简〈良臣〉中的"子刺"》，《出土文献》（第六辑），上海：中西书局，2015 年。

67.李守奎：《〈郑武夫人规孺子〉中的丧礼用语与相关的礼制问题》，《中国史研究》，2016 年第 1 期。

68.程　浩：《由清华简〈良臣〉论初代曾侯"南宫夭"》，《管子学刊》，2016 年第 1 期。

69.李学勤：《有关春秋史事的清华简五种综述》，《文物》，2016 年第 3 期。

70.马　楠：《清华简〈郑文公问太伯〉与郑国早期史事》，《文物》，2016 年 3 期。

71.李守奎：《释楚简中的"规"——兼说"支"亦"规"之表意初文》，《复旦大学学报》，2016 年第 3 期。

72.陈　伟：《郑伯克段"前传"的历史叙事》，《中国社会科学学报》，2016 年 5 月 30 日。

73.刘　光：《清华简〈郑文公问太伯〉所见郑国初年史事研究》，《山西档案》，2016 年第 6 期。

74.罗小华：《试论清华简良臣〉中的"人"》，《出土文献》（第八辑），2016 年。

75.吴良宝：《清华简地名"鄟"、"邨"小考》，《出土文献》（第九辑），2016 年。

76.赵平安：《〈清华简（陆）〉文字补释（六则）》，《出土文献》（第九辑），2016 年。

77.石小力：《清华简第六辑中的讹字研究》，《出土文献》（第九辑），2016 年。

78.陈颖飞：《清华简〈良臣〉散宜生与西周金文中的散氏》，《出土文献》（第九辑），2016 年。

79.罗小华：《试论清华简〈良臣〉中的"咎犯"》，《古文字研究》（第三十一辑），2016 年。

80.孙合肥：《清华简〈子产〉简19—23校读》，《淮南师范学院学报》，2017 年第 1 期。

81.晁福林：《谈清华简〈郑武夫人规孺子〉的史料价值》，《清华大学学报》，2017 年第 3 期。

82.杨　博：《裁繁御简:<系年>所见战国史书的编纂》，《历史研究》，2017年第3期。

83.田云昊：《清华简<系年>性质再探索》，《荆楚学术》，2017年第5期。

84.王　捷：《清华简<子产>篇与"刑书"新析》，《上海师范大学学报》，2017年第4期。

85.单育辰：《清华六<子产>释文商榷》，《出土文献》（第十一辑），上海：中西书局，2017年。

86.陈伟武：《读清华简第六册小札》，《出土文献》（第十一辑），上海：中西书局，2017年。

87.李鹏辉：《<清华简（陆）>笔记二则》，《中国文字学报》，2017年刊。

88.程　浩：《困兽犹斗:新史料所见战国前期的郑国》，《殷都学刊》，2018年第1期。

89.罗小华：《清华简<良臣>中的"女和"》，《考古与文物》，2018年第2期。

90.贾连翔：《清华简<郑武夫人规孺子>篇的再编连与复原》，《文献》，2018年第3期。

91.王　沛：《子产铸刑书新考:以清华简<子产>为中心的研究》，《政法论坛》，2018年第2期。

92.程　浩：《从"逃死"到"扞艰":新史料所见两周之际的郑国》，《历史教学问题》，2018年第4期。

93.宁镇疆：《由清华简<芮良夫毖>之"五相"论西周亦"尚贤"及"尚贤"古义》，《学术月刊》，2018年第6期。

94.程　浩：《牟鼠不能同穴:基于新出土文献的郑国昭厉之乱再思考》，《史林》，2019年第3期。

95.韩高年：《子产生平、辞令及思想新探——以清华简<子产><良臣>等为中心》，《中原文化研究》，2019年第3期。

96.陈　瑶：《清华简<系年>与夏姬身份考论》，《北方论丛》，2019年第6期。

97.王红亮：《清华简与晋文公重耳出亡系年及史事新探》，《史学月刊》，2019年第11期。

98.程　浩：《清华简新见郑国人物考略》，《文献》，2020年第1期。

（二）会议论文

1.饶宗颐：《新文献的压力与智识开拓》，"炎黄文化"研讨会发言稿，香港浸会大学，2002年12月。

2.刘国忠：《从清华简〈系年〉看平王东迁的相关史实》，"简帛·经典·古史"国际论坛论文，香港浸会大学 2011 年 11 月。

3.沈建华：《试说清华〈系年〉楚简与〈春秋左传〉成书》，"简帛·经典·古史"国际论坛论文，香港浸会大学 2011 年 11 月。

4.朱凤瀚：《清华简〈系年〉所记西周史事考》，《出土材料与新视野——第四届国际汉学会议论文集》，台北：中央研究院，2013 年。

四、简帛网站论文

1.陈　伟：《不禁想起〈铎氏微〉——读清华简〈系年〉随想》，武汉网，2011 年 12 月 19 日。

2.董　珊：《从出土文献谈曾分为三》，复旦网，2011 年 12 月 26 日。

3.华东师范大学战国简读书小组：《〈读清华大学藏战国竹简（贰）·系年〉书后（一）》，简帛研究网，2011 年 12 月 29 日。

4.清华大学出土文献读书会：《〈清华大学藏战国竹简〉（贰）研读札记（二）》，复旦网，2011 年 12 月 31 日。

5.子　居：《清华简〈系年〉1～4 章解析》，孔子 2000 网，2012 年 1 月 6 日。

6.孙飞燕：《读〈系年〉札记三则》，复旦网，2012 年 3 月 9 日。

7.刘建明：《古文字释读的"还本性"论——以〈系年〉为例》，孔子 2000 网，2012 年 12 月 19 日。

8.陈　伟：《〈清华大学藏战国竹简·良臣〉初读》，武汉网，2013 年 1 月 4 日。

9.杨蒙生：《清华简〈良臣〉篇性质蠡测》，清华网，2013 年 1 月 5 日。

10.周　飞：《清华简〈良臣〉篇札记》，清华网，2013 年 1 月 8 日。

11.罗小华：《试论清华简中的几个人名》，武汉网，2016 年 4 月 8 日。

12.赵平安：《〈清华简（陆）文字补释（六）则〉》，清华网，2016 年 4 月 16 日。

13.石小力：《清华六整理报告补正》，清华网，2016 年 4 月 16 日。

14.马　楠：《清华陆整理报告补正》，清华网，2016 年 4 月 16 日。

15.王红亮：《清华简（六）〈郑武公夫人规孺子〉有关历史问题解说》，复旦网，2016 年 4 月 17 日。

16.徐在国：《清华六〈郑文公问太伯〉札记一则》，武汉网，2016 年 4 月 17 日。

17.徐在国：《谈清华六〈子产〉中的三个字》，武汉网，2016 年 4 月 19 日。

18.王　宁：《由清华简六二篇说郑的立国时间问题》，复旦网，2016年4月20日。

19.苏建洲：《〈清华简六〉文字补释》，武汉网，2016年4月20日。

20.苏建洲：《清华六·郑文公问大伯〉"馈而不二"补说》，武汉网，2016年4月26日。

21.庞壮城：《〈清华简（陆）〉考释零笺》，武汉网，2016年4月27日。

22.王　宁：《清华简六〈郑武夫人规孺子〉宽式文本校读》，复旦网，2016年5月1日。

23.桂珍明：《清华六〈郑文公问太伯〉"馈而不二"引喻考论》，复旦网，2016年5月2日。

24.王　宁：《清华简六〈郑文公问太伯〉之"太伯"为"泄伯"说》，武汉网，2016年5月8日。

25.张伯元：《清华简六〈子产〉篇"法律"一词考》，武汉网，2016年5月10日。

26.王　宁：《清华简六〈郑文公问太伯〉的"萦轭""遗阴"解》，复旦网，2016年5月16日。

27.王　宁：《清华简六〈郑文公问太伯〉"函""晢"别解》，复旦网，2016年5月20日。

28.王　宁：《清华简六〈郑文公问太伯〉（甲本）释文校读》，复旦网，2016年5月30日。

29.尉侯凯：《〈郑文公问太伯〉（甲本）注释订补（三则）》，武汉网，2016年6月6日。

30.子　居：《清华简〈郑武夫人规孺子〉解析》，中国先秦史网，2016年6月7日。

31.尉侯凯：《清华简六〈郑武夫人规孺子〉编连献疑》，武汉网，2016年6月9日。

32.王　宁：《释清华简六〈子产〉中的"完"字》，武汉网，2016年6月14日。

33.王　宁：《清华简〈良臣〉〈子产〉中子产师、辅人名杂识》，复旦网，2016年6月27日。

34.王　宁：《清华简六〈子产〉释文校读》，复旦网，2016年7月4日。

35.侯瑞华：《〈清华简六·子产〉补释（四则）》，武汉网，2018年5月15日。

五、学位论文

1.李慧芬：《子产治郑的策略研究》，陕西师范大学硕士学位论文，2006年。

2.苏　勇：《周代郑国史研究》，吉林大学年博士学位论文，2010年。

3.王秋月：《传承与变革：春秋子产事功述论》，东北师范大学硕士学位论文，2011年。

4.肖 攀：《清华简〈系年〉文字研究》，吉林大学博士学位论文，2013年。

5.刘建明：《清华简〈系年〉研究》，安徽大学硕士学位论文，2014年。

6.张启珍：《清华简〈系年〉与晋、楚邦交策略研究》，烟台大学硕士学位论文，2014年。

7.雷鹄宇：《西周国家结构研究》，天津师范大学博士学位论文，2014年。

8.申 超：《清华简与商周若干史事考释》，西北大学博士学位论文，2014年。

9.高 雪：《两周之际东迁封国转型研究——以虢、郑为例》，华东师范大学硕士学位论文，2016年。

10.陈可红：《〈清华大学藏战国竹简（陆）〉异体字、通假字汇释》，安徽大学硕士学位论文，2018年。

11.刘 山：《清华简〈系年〉与〈左传〉比较研究》，上海师范大学硕士学位论文，2018年。

12.候瑞华：《清华简〈郑武夫人规孺子〉集释与相关问题研究》，浙江大学硕士学位论文，2018年。

13.牛钧鹏：《上博简所见楚国历史问题研究》，青海师范大学博士学位论文，2019年。

14.李雨璐：《清华简〈子产〉篇整理与研究》，东北师范大学硕士学位论文，2019年。

15.于梁梁：《清华简所见晋国史事研究》，华东师范大学硕士学位论文，2019年。

16.段雅丽：《清华简〈系年〉文献学问题及其史学思想探微》，西南大学硕士学位论文，2019年。

17.钱薛芳：《夹缝中求生——郑国邦交策略探索》，华中师范大学硕士学位论文，2019年。

18.潘润：《战国时期东方小国的兴衰及对历史进程的影响——以鲁、宋、郑、越为中心》，上海大学博士学位论文，2020年。

后　记

　　窗外的夜，如水般清凉，如烟般缥缈，更似这冰冷的冬，沾上一指，便会真的无眠。所幸的是，对面楼里还有零星灯火，点亮着些许温暖。此刻看着文案上即将驻笔的书稿，如一段旖旎的往事，在弥漫的夜色中荡漾开来。

　　我们都是行走在时光里的人，在光阴的清风和时空的涟漪中，终其一生都在寻找生命里的高光，为此我们穿越漫长幽暗的隧道，翻越连绵不断的山丘，跨过山河大海，直至岁月渐老，流年渐深。

　　本书是在我的博士学位论文的基础上修改充实完成的。在读博期间，常常有朋友和同学问已过而立之年的我，为什么在已经有稳定工作的前提下，还要选择读博这么艰难的路呢？是的，我在硕士毕业后有多年的工作经历，工作状态稳定，有爱我的家人和朋友，生活时不时地敞开捷径，诱惑我过"佛系"的生活，走向更安逸的地方，而我深知"躺平一时爽，蹉跎枉断肠"。我想那些容易走的路，早已被无数人走过，结果往往是千篇一律的人生，和一眼就能看尽的未来，而我想要更好的人生。北宋王安石曾在《游褒禅山记》中言："世之奇伟、瑰怪、非常之观，常在于险远，而人之所罕至焉，故非有志者，不能至也。"说的就是只有坚持去走难走的路，才能看到更多更美的风景。我认为一个女人最美的样子，不是相夫教子，不是素面朝天，不是老实听话，不是乖巧省钱，而是你已经可以靠自己过上更好的生活，却依然带着精致的妆容不忘初心地继续努力，这才是一个女人最美好最可爱的样子。所以多年来，我始终以一种倔强的姿态成长着，我微笑着努力，我勇敢且担当。

回望来时路，博士学习生涯于我而言既是一段艰辛学术历程，也是一段宝贵的人生经验。在学术探索的道路上，虽然辛苦，但当你用心行走的时候，你会不断发现、接受和转变，一种来自心灵的力量，让我开启内心深处对学术的敬畏与思考的快乐。四年的博士学习生活让我明白，实现人生目标的关键在于能坚持、有担当。坚持，就是身处低谷仍心怀希望，困难重重仍坚定前行。当你迷茫的时候，一定要咬紧牙关坚持，生活定会给你惊喜。担当，要坚定初心信仰，摒弃浮躁心理，要有越挫越勇的拼劲、持之以恒的韧劲。时间和坚持的魅力在于，不知不觉中给你惊喜，并遇见更好的自己。一路走来，虽然学术道路不一定是平坦的，但我深信它一定是宽阔的，因为这其中有我对学术的敬畏，对这片学术沃土的无限热爱。

驻笔之时，回想瞻顾，自不免踌躇，这篇后记，实为心路的总结与告白，常念一介儒生所见未切、所悟未深，未敢轻率妄谈。各位教授和论文评审专家们对我的博士学位论文提出了许多具有建设性的意见和建议，对我后期修改完善和深入研究大有裨益。每每回头阅读我的博士毕业论文，总是觉得对许多问题没有深入阐发，于是毕业后我就时断时续地按照专家们的"指点"，将"史"的线索贯穿在整个著作中，让读者有一种描述郑国历史发展轨迹的动态之感。毫无疑问，本书定然存在许多缺点与不足，恳望读者同仁不吝批评与指正，以期日后改进和补正，亦深表谢忱。

此外，在本书出版之际，我还要衷心感谢青海民族大学领导和同事们，承蒙你们多年来对我的关心、教育和帮助，才使得此书得以问世，借此良机，我向帮助和鼓励过我成长的领导、老师、朋友等所有人深表谢意。

后　记

　　我们所经历的一切寻与遇，都会成为生命中的水草，不干不涸，滋生出内心的丰盈，岁月的清亮。未来的日子，我希望自己能如行者，终在路上。在那些遥远的地方，相遇未知的自己，看世事繁华，念人间冷暖。如此，方能在日后漫长平淡的岁月中，笃定心的方向，不在奔流的人群中迷航，不辜负时光，不蹉跎岁月，活成自己喜欢的模样。

胡静谨识

辛丑年冬于西宁家中书斋